职业教育单独招生统一考试备考丛书

职业教育单独招生考试专题训练与解析·数学

职教高考备考丛书编写委员会 编

电子工业出版社
Publishing House of Electronics Industry
北京·BEIJING

内 容 简 介

本书是为中等职业学校毕业生参加职业教育单独招生统一考试而编写的一本专题训练复习用书，本书以职业教育单独招生统一考试的考纲要求为依据，以应考训练为目的，针对职业教育单独招生统一考试中出现的题型和知识点，给出了相应的专题练习题，并对题目中出现的知识点进行了详细解析，力求做到以点带面。本书以题量大、解析全面、针对性强的特点呈现给备考毕业生。

本书可以与《单元同步测试卷》《职业教育单独招生统一考试总复习精要》《职业教育单独招生统一考试模拟试卷》《职业教育单独招生统一考试冲刺卷》系列复习用书配合使用，其是对此系列丛书内容的补充。

本书具有很强的指导性，适合中等职业学校毕业生使用，是职业教育单独招生统一考试复习必备的指导用书。

未经许可，不得以任何方式复制或抄袭本书之部分或全部内容。
版权所有，侵权必究。

图书在版编目（CIP）数据

职业教育单独招生考试专题训练与解析. 数学 / 职教高考备考丛书编写委员会编. —北京：电子工业出版社，2023.9
ISBN 978-7-121-46286-3

Ⅰ.①职… Ⅱ.①职… Ⅲ.①数学课－中等专业学校－升学参考资料 Ⅳ.①G634

中国国家版本馆 CIP 数据核字（2023）第 170603 号

责任编辑：罗美娜
印　　刷：三河市龙林印务有限公司
装　　订：三河市龙林印务有限公司
出版发行：电子工业出版社
　　　　　北京市海淀区万寿路 173 信箱　　邮编：100036
开　　本：787×1092　1/16　印张：10.5　字数：249 千字
版　　次：2023 年 9 月第 1 版
印　　次：2023 年 9 月第 1 次印刷
定　　价：38.00 元

凡所购买电子工业出版社图书有缺损问题，请向购买书店调换。若书店售缺，请与本社发行部联系，联系及邮购电话：（010）88254888，88258888。
质量投诉请发邮件至 zlts@phei.com.cn，盗版侵权举报请发邮件至 dbqq@phei.com.cn。
本书咨询联系方式：（010）88254617，luomn@phei.com.cn。

前 言

职业教育单独招生统一考试已经进行了多年，但是参加这类考试的考生可用的复习资料相对较少，选择面比较窄。为了帮助参加职业教育单独招生统一考试的广大考生全面、系统、快速、高效地复习备考，我们邀请了一批资深教研员，国家级重点职业学校的具有丰富职业教育单独招生统一考试复习教学经验的一线教师，参加过职业教育单独招生统一考试命题、改卷或新考纲制定的骨干教师及长期进行职业教育研究的科研人员，在学习、研究考纲和集体认真研讨的基础上，严格按照职业教育单独招生统一考试说明，精心编写了**考试专题训练与解析系列教材**（包含语文、数学、英语 3 册），供参加职业教育单独招生统一考试的考生复习备考之用。

本丛书具有如下特点：

编委阵容强大：编者均为资深教研人员和国家中等职业教育改革发展示范学校及国家级重点中等职业学校的一线骨干教师，具有丰富的职业教育单独招生统一考试复习教学经验，并常年研究职业教育单独招生统一考试的命题方向。

编写体系成熟：本书严格按照最新职业教育单独招生统一考试大纲进行编写，根据对近几年的职业教育单独招生统一考试试卷的分析及新的考试动向进行职业教育单独招生统一考试试题预测。为提高本系列丛书的质量，特聘请资深专家严格把关。

编写内容齐全：本书涵盖了最新职业教育单独招生统一考试的考纲中要求掌握的全部内容，且题目新颖，具有很强的指导性。

本书是为中等职业学校毕业生参加职业教育单独招生统一考试而编写的一本专题训练复习用书，本书以职业教育单独招生统一考试的考纲要求为依据，以应考训练为目的，针对职业教育单独招生统一考试中出现的题型和知识点，给出了相应的专题练习题，并对题目中出现的知识点进行了详细解析，力求做到以点带面。本书以题量大、解析全面、针对性强的特点呈现给备考毕业生。

本书可以与《单元同步测试卷》《职业教育单独招生统一考试总复习精要》《职业教育单独招生统一考试模拟试卷》《职业教育单独招生统一考试冲刺卷》系列复习用书配合使用，其是对此系列丛书内容的补充。

本书由郭为担任主编，闫晓明、张伟、李刚担任副主编，参与编写的人员有张素文、赵俊峰、韩阳、王莹。

由于编写时间短，编者水平有限，本书难免有不妥之处，恳请同行专家不吝指正，并欢迎工作在教育一线的广大教师和复习备考的毕业生在使用本书过程中提出宝贵意见，并将此综合信息反馈到电子工业出版社（luomn@phei.com.cn），以便再版时及时修正。

职业教育单独招生统一考试备考丛书编写委员会

主　编：郭　为

副主编：闫晓明　张　伟　李　刚

参　编：张素文　赵俊峰　韩　阳　王　莹

目 录

第一章	集合与充要条件	 1
	第一部分 考纲解读	 1
	一、知识内容	 1
	二、具体要求	 1
	第二部分 真题解析	 1
	第三部分 强化训练	 3
	一、选择题	 3
	二、填空题	 9
	三、解答题	 11
第二章	不等式	 14
	第一部分 考纲解读	 14
	一、知识内容	 14
	二、具体要求	 14
	第二部分 真题解析	 14
	第三部分 强化训练	 15
	一、选择题	 15
	二、填空题	 20
	三、解答题	 21
第三章	函数	 24
	第一部分 考纲解读	 24
	一、知识内容	 24
	二、具体要求	 24
	第二部分 真题解析	 24

  第三部分 强化训练 30
    一、选择题 30
    二、填空题 35
    三、解答题 36

第四章 指数函数与对数函数 40
  第一部分 考纲解读 40
    一、知识内容 40
    二、具体要求 40
  第二部分 真题解析 40
  第三部分 强化训练 43
    一、选择题 43
    二、填空题 48
    三、解答题 49

第五章 三角函数 54
  第一部分 考纲解读 54
    一、知识内容 54
    二、具体要求 54
  第二部分 真题解析 54
  第三部分 强化训练 60
    一、选择题 60
    二、填空题 65
    三、解答题 66

第六章 数列 75
  第一部分 考纲解读 75
    一、知识内容 75
    二、具体要求 75
  第二部分 真题解析 75
  第三部分 强化训练 79

　　　　　一、选择题 79
　　　　　二、填空题 82
　　　　　三、解答题 84

第七章　向量 89
　　第一部分　考纲解读 89
　　　　　一、知识内容 89
　　　　　二、具体要求 89
　　第二部分　真题解析 89
　　第三部分　强化训练 93
　　　　　一、选择题 93
　　　　　二、填空题 97
　　　　　三、解答题 98

第八章　直线和圆的方程 103
　　第一部分　考纲解读 103
　　　　　一、知识内容 103
　　　　　二、具体要求 103
　　第二部分　真题解析 103
　　第三部分　强化训练 106
　　　　　一、选择题 106
　　　　　二、填空题 111
　　　　　三、解答题 112

第九章　立体几何 116
　　第一部分　考纲解读 116
　　　　　一、知识内容 116
　　　　　二、具体要求 116
　　第二部分　真题解析 116
　　第三部分　强化训练 122
　　　　　一、选择题 122

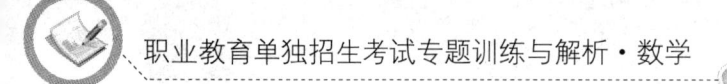

　　　　二、填空题 128
　　　　三、解答题 130

第十章　概率与统计初步 138

　　第一部分　考纲解读 138
　　　　一、知识内容 138
　　　　二、具体要求 138
　　第二部分　真题解析 138
　　第三部分　强化训练 146
　　　　一、选择题 146
　　　　二、填空题 152
　　　　三、解答题 154

第一章

集合与充要条件

第一部分 考纲解读

一、知识内容

1. 集合与元素，集合的表示法，集合之间的关系，交集、并集、补集.
2. 命题，逻辑连接词（且、或、非、如果……那么……），必要条件与充分条件.

二、具体要求

1. 理解集合的概念，掌握用符号表示元素和集合之间关系的方法.
2. 掌握集合的表示方法（列举法、描述法）.
3. 理解空集、子集、全集和补集的概念，理解集合的相等和包含关系，掌握集合的交、并、补运算.
4. 了解命题的概念，理解逻辑连接词的意义，理解必要条件与充分条件的意义.
5. 了解用集合和数理逻辑语言表达数学命题的好处.

第二部分 真题解析

【例 1】（2015.1）设 $A=\{x|x>1\}$，$B=\{x|x\leqslant 2\}$，则 $A\cap B=$（ ）.

A. $\{x|1\leqslant x<2\}$ B. $\{x|1<x\leqslant 2\}$

C. $\{x|x\leqslant 1或x>2\}$ D. $\{x|x<1或x\geqslant 2\}$

解析：在数轴上分别表示出集合 A、B，观察它们的公共部分，得到
$$A\cap B=\{x|1<x\leqslant 2\}$$

变式训练 1（2016.1）若集合 $A=\{x|-5<x<2\}$，$B=\{x|-3<x<3\}$，则 $A\cap B=$（ ）.

A. $\{x|-5<x<2\}$ B. $\{x|-3<x<2\}$

C. $\{x|-3<x<3\}$ D. $\{x|-5<x<3\}$

变式训练 2（2017.1）已知全集 $U = \mathbf{R}$，$M = \{x \mid -2 \leqslant x \leqslant 2\}$，则 $\complement_U M = $（　　）.

A. $\{x \mid x < -2\} \cup \{x \mid x > 2\}$　　　B. $\{x \mid -2 < x < 2\}$

C. $\{x \mid x < -2\}$　　　D. $\{x \mid x > 2\}$

变式训练 3（2018.1）已知集合 $A = \{x \mid x > 2\}$，$B = \{x \mid -2 < x < 4\}$，则 $A \cap B = $（　　）.

A. $\{x \mid -2 < x < 4\}$　　　B. $\{x \mid 2 < x < 4\}$

C. $\{x \mid 2 < x \leqslant 4\}$　　　D. $\{x \mid -2 < x \leqslant 4\}$

变式训练 4（2019.1）已知集合 $A = \{x \mid -3 \leqslant x \leqslant 1\}$，$B = \{x \mid -2 < x < 2\}$，则 $A \cup B = $（　　）.

A. $\{x \mid x \geqslant -3\}$　　B. $\{x \mid -3 \leqslant x < 2\}$　　C. $\{x \mid -2 < x \leqslant 1\}$　　D. $\{x \mid x < 2\}$

变式训练 5（2020.1）已知全集 $U = \mathbf{R}$，$A = \{x \mid -1 \leqslant x < 2\}$，则集合 $\complement_U A = $（　　）.

A. $\{x \mid x \geqslant 2\}$　　　B. $\{x \mid x < -1\}$

C. $\{x \mid -1 < x \leqslant 2\}$　　　D. $\{x \mid x < -1\} \cup \{x \mid x \geqslant 2\}$

变式训练 6（2021.1）已知集合 $A = \{x \mid -4 < x \leqslant 1\}$，$B = \{x \mid -3 \leqslant x < 3\}$，则 $A \cup B = $（　　）.

A. $\{x \mid -4 < x < 3\}$　　B. $\{x \mid -4 < x \leqslant -3\}$　　C. $\{-3 \leqslant x \leqslant 1\}$　　D. $\{x \mid 1 \leqslant x < 3\}$

变式训练 7（2022.1）已知集合 $A = \{x \mid x \geqslant 1\}$，$B = \{x \mid -5 \leqslant x < 2\}$，则 $A \cap B = $（　　）.

A. $\{x \mid -5 \leqslant x < 1\}$　　B. $\{x \mid -5 \leqslant x \leqslant 1\}$　　C. $\{x \mid 1 < x < 2\}$　　D. $\{x \mid 1 \leqslant x < 2\}$

【例 2】（2016.2）设 a、b 为实数，则 $a = b$ 是 $|a| = |b|$ 的（　　）.

A. 充分不必要条件　　　B. 必要不充分条件

C. 充要条件　　　D. 既不充分也不必要条件

解析：因为由 $a = b$ 可以推出 $|a| = |b|$，但由 $|a| = |b|$ 不能推出 $a = b$，所以 $a = b$ 是 $|a| = |b|$ 的充分不必要条件.

变式训练 8（2015.3）$m \leqslant 1$ 是 $x^2 + x + \dfrac{1}{4}m = 0$ 有实数根的（　　）.

A. 充分不必要条件　　　B. 必要不充分条件

C. 充要条件　　　D. 既不充分也不必要条件

变式训练 9（2017.7）$m \leqslant -2$ 是函数 $f(x) = x^2 + 2mx - m + 2$ 的图像与 x 轴有公共点的（　　）.

A. 充分不必要条件　　　B. 必要不充分条件

C. 充要条件　　　D. 既不充分也不必要条件

变式训练 10（2018.6）$|x| = 3$ 是 $x = 3$ 的（　　）.

A. 充分不必要条件　　　B. 必要不充分条件

C. 充要条件　　　D. 既不充分也不必要条件

变式训练 11（2019.6）$a < b$ 是 $a^2 < b^2$ 的（　　）.

A. 充分不必要条件　　　B. 必要不充分条件

C．充要条件　　　　　　　　　　D．既不充分也不必要条件

变式训练 12（2020.6）设 x、$y \in \mathbf{R}$，则 $\sqrt{x} = \sqrt{y}$ 是 $x = y$ 的（　　）．

A．充分不必要条件　　　　　　　B．必要不充分条件

C．充要条件　　　　　　　　　　D．既不充分也不必要条件

变式训练 13（2021.9）设 $x \in \mathbf{R}$，则 $x > \sqrt{3}$ 是 $x > \sqrt{5}$ 的（　　）．

A．充分不必要条件　　　　　　　B．必要不充分条件

C．充要条件　　　　　　　　　　D．既不充分也不必要条件

变式训练 14（2022.7）设 $x \in \mathbf{R}$，则 $x < 1$ 是 $|x| < 1$ 的（　　）．

A．充分不必要条件　　　　　　　B．必要不充分条件

C．充要条件　　　　　　　　　　D．既不充分也不必要条件

变式训练参考答案：

变式训练 1．B

变式训练 2．A

变式训练 3．B

变式训练 4．B

变式训练 5．D

变式训练 6．A

变式训练 7．D

变式训练 8．C

变式训练 9．A

变式训练 10．B

变式训练 11．D

变式训练 12．A

变式训练 13．B

变式训练 14．B

第三部分　强化训练

一、选择题

1．集合元素的三大特性是（　　）．

　　A．确定性、互异性、无序性　　　　B．确定性、互异性、有序性

　　C．科学性、互异性、无序性　　　　D．确定性、抽象性、有序性

2．对空集的表述，下列说法不正确的是（　　）．

　　A．空集是任何集合的子集　　　　　B．空集是任何非空集合的真子集

　　C．空集没有子集　　　　　　　　　D．不含任何元素的集合叫作空集

3. 数 0 与空集 ∅ 的关系是（ ）.

   A. $0 \in \varnothing$ B. $0 = \varnothing$ C. $\{0\} = \varnothing$ D. $0 \notin \varnothing$

4. 已知集合 $M = \{x \in \mathbf{Z} \mid 2 < x \leqslant 5\}$，则下列式子正确的是（ ）.

   A. $2.5 \in M$ B. $0 \in M$ C. $\{0\} \in M$ D. $0 \notin M$

5. 设 $M = \{a\}$，则下列写法正确的是（ ）.

   A. $a = M$ B. $a \in M$ C. $a \subseteq M$ D. $a \subsetneqq M$

6. 下列对整数集合的表示中，不正确的一项是（ ）.

   A. $\{整数\}$ B. $\{x \mid x \in \mathbf{Z}\}$ C. $x \in \mathbf{Z}$ D. $\mathbf{Z}$

7. 下列等式中，不正确的一项是（ ）.

   A. $\{1,-1\} = \{-1,1\}$ B. $\{x \mid x^2 - 1 = 0\} = \{-1,1\}$

   C. $\{0\} = \varnothing$ D. $\{x \in \mathbf{R} \mid x^2 + 1 = 0\} = \varnothing$

8. 下列 6 个关系式中，正确的个数是（ ）.

   ① $\{a,b\} \subseteq \{b,a\}$ ② $\{a,b\} = \{b,a\}$ ③ $\{0\} = \varnothing$

   ④ $0 \in \{0\}$ ⑤ $\varnothing \in \{0\}$ ⑥ $\varnothing \subseteq \{0\}$

   A. 6   B. 5   C. 4   D. 少于 4

9. 若 $P = \{x \mid x \leqslant 3\}$，$a = 2\sqrt{2}$，则下列关系式中，正确的是（ ）.

   A. $\{a\} \subsetneqq P$ B. $a \notin P$ C. $\{a\} \in P$ D. $a \subsetneqq P$

10. 若集合 B 是集合 A 的真子集，则应具备的条件是（ ）.

    A. 集合 B 的元素都是集合 A 的元素

    B. 集合 A 的元素都是集合 B 的元素

    C. 集合 B 中至少有一个元素是集合 A 的元素

    D. 集合 B 的元素都是集合 A 的元素，且集合 A 中至少有一个元素不属于集合 B

11. 设全集 $U = \mathbf{Z}$，$A = \{x \mid x = 2n, n \in \mathbf{Z}\}$，$M = \complement_U A$，则下列关系式中，成立的个数是（ ）.

    ① $-2 \in A$ ② $2 \in M$ ③ $0 \notin \complement_U A$ ④ $-3 \notin M$

    A. 1   B. 2   C. 3   D. 4

12. 下列 4 个关系式中，不正确的是（ ）.

    A. $2\sqrt{3} \notin \{x \mid x < 4\}$ B. $(1,-1) \in \{x \mid x = y^2\}$

    C. $\varnothing \subsetneqq \{0\}$ D. $\{正奇数\} \subseteq \{非负整数\}$

13. 下列 4 个关系式中，正确的是（ ）.

    A. $\varnothing \in \{0\}$ B. $a \notin \{a\}$ C. $\{a\} \in \{a,b\}$ D. $a \in \{a,b\}$

14. 关于元素和集合的关系，下列判断正确的是（ ）.

    A. $\{0\} = \varnothing$ B. $a \subsetneqq \{a,b,c\}$

    C. $\{2,3\} \supsetneqq \{2\}$ D. $\{x \mid 1 < x \leqslant 2\} \in \{x \mid -1 < x < 4\}$

15. 关于集合和元素的关系，下列判断正确的是（　　）.
    ① $-3 \in \mathbf{N}$　　　②$\pi \notin \mathbf{Q}$　　　③$1.5 \in \mathbf{Z}$　　　④$1.5 \subsetneq \mathbf{R}$
    ⑤$\mathbf{N} \subseteq \mathbf{Q}$　　　⑥$\mathbf{N}^* \in \mathbf{Q}$
    A．①④　　　B．②⑥　　　C．②⑤　　　D．④⑤

16. 下列判断中，不正确的一项是（　　）.
    A．$\{x \mid |x| < 0\} = \varnothing$
    B．$\{x \mid x = 2n, n \in \mathbf{N}\}$ 是无限集
    C．$\{x \mid x^2 - 5x + 6 = 0\} = \{2,3\}$
    D．$\{(x,y) \mid x - y = 2, x \in \mathbf{N}, y \in \mathbf{N}\}$ 是有限集

17. 对于集合之间关系的判断，下列关系式中错误的一项是（　　）.
    A．$\{2,6,9\} = \{9,2,6\}$　　　B．$\{1,3,5\} \supsetneq \{3,5\}$
    C．$\varnothing \subseteq \{x \mid x < -4\}$　　　D．$\{-\sqrt{2}, \sqrt{2}\} \subsetneq \{x \mid x^2 = 2\}$

18. 下列关于集合的说法中，正确的是（　　）.
    A．集合的交集就是求加法运算
    B．如果 $B = \varnothing$，那么 $A \cup B = A$
    C．如果 $A \cup B = A$，那么 A 是 B 的子集
    D．如果 $A \cup B = U$，那么必有 $A = U$ 或 $B = U$

19. 设 $A = \{$正方形$\}$，$B = \{$矩形$\}$，$C = \{$平行四边形$\}$，$D = \{$梯形$\}$，则下列包含关系不正确的是（　　）.
    A．$A \subseteq B$　　　B．$B \subseteq C$　　　C．$A \nsubseteq D$　　　D．$C \subseteq D$

20. 设 $M = \{$正方体$\}$，$N = \{$长方体$\}$，$P = \{$四棱柱$\}$，$Q = \{$正四棱柱$\}$，则下列包含关系不正确的是（　　）.
    A．$M \subsetneq P$　　　B．$M \subsetneq Q \subsetneq N \subsetneq P$
    C．$N \supseteq P$　　　D．$Q \subseteq P$

21. 已知 $U = \{$三角形$\}$，$A = \{$锐角三角形$\}$，$B = \{$钝角三角形$\}$，则 $(\complement_U A) \cap B = $（　　）.
    A．$\{$锐角三角形$\}$　B．$\{$钝角三角形$\}$　C．$\{$直角三角形$\}$　D．$\{$三角形$\}$

22. 下列关于交集的说法中，正确的是（　　）.
    A．若 $A \cap B = A$，则 A 是 B 的子集
    B．集合的交集就是求减法运算
    C．如果集合 $B = \varnothing$，那么 $A \cap B = A$
    D．如果 $A \cap B = \varnothing$，那么必有 $A = \varnothing$ 或 $B = \varnothing$

23. 关于集合运算的性质（其中 U 为全集），下列关系正确的是（　　）.
    A．$A = B \Leftrightarrow A \subseteq B$ 且 $A \supseteq B$　　　B．$A = B \Leftrightarrow A \cup B = A$
    C．$A = \complement_U B \Rightarrow A \cup B = B$　　　D．$A \cap U = U$

24. 关于交集的性质（其中U为全集），下列关系错误的是（   ）.
    A. $A \cap A = A$
    B. $A \cap \varnothing = \varnothing \cap A = \varnothing$
    C. $A \subseteq B \Leftrightarrow A \cap B = A$
    D. $A \cap (\complement_U A) = U$

25. 关于并集的性质（其中U为全集），下列关系错误的是（   ）.
    A. $A \subseteq B \Leftrightarrow A \cup B = A$
    B. $A \cup A = A$
    C. $A \cup \varnothing = \varnothing \cup A = A$
    D. $A \cup (\complement_U A) = U$

26. 关于补集的性质（其中U为全集），下列关系不正确的是（   ）.
    A. $\complement_U (\complement_U A) = A$
    B. $\complement_U (A \cap B) = (\complement_U A) \cup (\complement_U B)$
    C. $\complement_U (A \cup B) = (\complement_U A) \cap (\complement_U B)$
    D. $\complement_U (A \cup B) = (\complement_U A) \cup (\complement_U B)$

27. 若A、B、C为三个集合，$A \cup B = B \cap C$，则一定成立的是（   ）.
    A. $A \subseteq C$ B. $C \subseteq A$ C. $A = C$ D. $A = \varnothing$

28. 集合$A = \{2,3,4,5,6\}$，集合$B = \{2,4,5,8,9\}$，$A \cap B = $（   ）.
    A. $\{2,3,4,5,6,8,9\}$
    B. $\{2,4,5\}$
    C. $\varnothing$
    D. $\{2,3,4,5,6\}$

29. 集合$A = \{x \mid -1 < x \leqslant 3\}$，集合$B = \{x \mid 1 < x < 5\}$，则$A \cup B = $（   ）.
    A. $\{x \mid -1 < x < 5\}$
    B. $\{x \mid 3 < x < 5\}$
    C. $\{x \mid -1 < x < 1\}$
    D. $\{x \mid 1 < x \leqslant 3\}$

30. 设全集$U = \{0,1,2,3,4,5,6\}$，集合$A = \{2,3,4,5,6\}$，则$\complement_U A = $（   ）.
    A. $\{0,2,3,4,5,6\}$
    B. $\{2,3,4,5,6\}$
    C. $\{0,1\}$
    D. $\varnothing$

31. 已知全集$U = \mathbf{R}$，集合$A = \{x \mid -1 < x \leqslant 5\}$，则$\complement_U A = $（   ）.
    A. $(-\infty, -1]$
    B. $(5, +\infty)$
    C. $(-\infty, -1) \cup (5, +\infty)$
    D. $(-\infty, -1] \cup (5, +\infty)$

32. 已知集合$M = \{0, x\}$，$N = \{1, 2\}$，若$M \cap N = \{2\}$，则$M \cup N = $（   ）.
    A. $\{0, x, 1, 2\}$
    B. $\{2, 0, 1, 2\}$
    C. $\{0, 1, 2\}$
    D. 不能确定

33. 已知全集$U = \{1,2,3,4,5,6,7,8\}$，集合$A = \{3,4,5\}$，$B = \{1,3,6\}$，那么集合$C = \{2,7,8\}$是（   ）.
    A. $\complement_U B$
    B. $A \cap B$
    C. $(\complement_U A) \cap (\complement_U B)$
    D. $(\complement_U A) \cup (\complement_U B)$

34. 已知集合$M = \{x \mid x^2 < 4\}$，$N = \{x \mid x^2 - 2x - 3 < 0\}$，则$M \cap N = $（   ）.
    A. $\{x \mid x < -2\}$
    B. $\{x \mid x > 3\}$
    C. $\{x \mid -1 < x < 2\}$
    D. $\{x \mid 2 < x < 3\}$

35. 下列集合中，表示方程组 $\begin{cases} x+y=3 \\ x-y=1 \end{cases}$ 的解集的是（　　）.

   A．$\{2,1\}$　　　B．$\{x=2, y=1\}$　　　C．$\{(2,1)\}$　　　D．$\{(1,2)\}$

36. 下列集合中，结果是空集的是（　　）.

   A．$\{x \in \mathbf{R} \mid x^2 - 4 = 0\}$　　　B．$\{x \mid x > 9 \text{ 或 } x < 3\}$

   C．$\{(x,y) \mid x^2 + y^2 = 0\}$　　　D．$\{x \mid x > 9 \text{ 且 } x < 3\}$

37. 已知集合 $P = \{x \mid x < 3\}$，$Q = \{x \mid -1 \leqslant x \leqslant 4\}$，则 $P \cup Q =$（　　）.

   A．$[-1, 3)$　　　B．$[-1, 4]$　　　C．$(-\infty, 4]$　　　D．$[-1, \infty)$

38. $\sin x = \dfrac{1}{2}$ 是 $x = \dfrac{\pi}{6}$ 的（　　）.

   A．充分条件　　　　　　　　B．必要条件
   C．充要条件　　　　　　　　D．既不充分也不必要条件

39. 命题：① $a = 0$ 是 $ab = 0$ 的充分条件；② $x = 1$ 或 $x = 2$ 是 $x^2 - 3x + 2 = 0$ 的充分条件；③ $\angle A = 60°$ 是 $\sin \angle A = \dfrac{\sqrt{3}}{2}$ 的必要条件；④ $a = b$ 是 $|a| = |b|$ 的充要条件，其中错误的是（　　）.

   A．①②③　　　B．①②④　　　C．②③④　　　D．①②③④

40. 已知 $U = \{1, 2, a^2 + 2a - 3\}$，$A = \{|a-2|, 2\}$，$\complement_U A = \{0\}$，则 a 的值为（　　）.

   A．-3 或 1　　　B．2　　　C．3 或 1　　　D．1

41. $|x+1| > 2$ 是 $|x| > 1$ 的（　　）.

   A．充分条件　　　　　　　　B．必要条件
   C．充要条件　　　　　　　　D．既不充分也不必要条件

42. 设集合 $A = \{x \mid |x| = 1\}$，$B = \{x \mid ax = 1\}$，若 $A \supseteq B$，则实数 a 的值是（　　）.

   A．1　　　B．-1　　　C．1 或 -1　　　D．1、0 或 -1

43. 命题 p：$x^2 = y^2$，命题 q：$x = y$，则 p 是 q 的（　　）.

   A．充分条件　　　　　　　　B．必要条件
   C．充要条件　　　　　　　　D．既不充分也不必要条件

44. 下列选项中，正确的是（　　）.

   A．$ab > bc$ 是 $a > c$ 的充分条件　　　B．$a > b$ 是 $ac^2 > bc^2$ 的充分条件
   C．$a > b$ 是 $ac^2 > bc^2$ 的必要条件　　　D．$a > b$ 且 $c > d$ 等价于 $ac > bd$

45. 下列 4 个选项都是对"命题 p：$x > 3$，q：$x > 5$，条件 p 是结论 q 的什么条件？"的解答，正确的是（　　）.

   A．由 $x > 3$ 成立不能推出 $x > 5$ 成立，p 不是 q 的充分条件，因而 p 是 q 的必要条件

   B．由 $x > 5$ 成立能够推出 $x > 3$ 成立，所以 p 是 q 的必要条件

   C．由 $x > 5$ 成立能够推出 $x > 3$ 成立，所以 p 是 q 的充分条件

   D．由 $x > 5$ 成立能够推出 $x > 3$ 成立，所以 p 是 q 的必要条件；由 $x > 3$ 成立不能推出 $x > 5$ 成立，所以 p 不是 q 的充分条件．综上所述，p 仅是 q 的必要条件

46. 已知集合 $M=\{(x,y)|x+y=4\}$，$N=\{(x,y)|x-y=2\}$，则 $M\cap N$ 为（　　）．

   A．$x=3, y=1$　　B．$(3,1)$　　C．$\{3,1\}$　　D．$\{(3,1)\}$

47. 若 $M=\{x\in\mathbf{N}|1\leqslant x\leqslant 10\}$，则（　　）．

   A．$8\notin M$　　B．$8\subseteq M$　　C．$8\subsetneqq M$　　D．$8\in M$

48. 下列判断中，错误的是（　　）．

   A．$a=0$ 且 $b=0$ 是 $ab=0$ 的充分条件

   B．$a=0$ 或 $b=0$ 是 $ab=0$ 的必要条件

   C．$x=3$ 是 $x^2+2x-15=0$ 的充分条件

   D．$a^2<b^2$ 的充要条件是 $(a+b)$ 与 $(a-b)$ 异号

49. 已知 U 是全集，M、N 为 U 的子集，且 $M\subsetneqq N$，则下列集合为空集的是（　　）．

   A．$M\cap(\complement_U N)$　　B．$(\complement_U M)\cap N$

   C．$(\complement_U M)\cap(\complement_U N)$　　D．$M\cap N$

50. $\sin A>\sin B$ 是 $A>B$ 成立的（　　）．

   A．充分条件　　B．必要条件

   C．充要条件　　D．既不充分也不必要条件

51. 设命题甲：$0<x<5$，命题乙：$|x-2|<3$，则命题甲是命题乙的（　　）．

   A．充分条件　　B．必要条件

   C．充要条件　　D．既不充分也不必要条件

52. $x<0$ 是 $x<-1$ 的（　　）．

   A．充分条件　　B．必要条件

   C．充要条件　　D．既不充分也不必要条件

53. 已知集合 $M=\{x|x>1\}$，$N=\{x|0<x<5\}$，全集 $U=\mathbf{R}$，则 $M\cup\complement_U N=$（　　）．

   A．$(-\infty,0)\cup[5,+\infty)$　　B．$(-\infty,0]\cup(1,+\infty)$

   C．$(-\infty,1)\cup(5,+\infty)$　　D．$(-\infty,1)\cup[5,+\infty)$

54. 已知集合 $A=\{x|x\neq-1,x\in\mathbf{R}\}$，$B=\{x|x\neq 2,x\in\mathbf{R}\}$，则 $A\cup B$ 写成区间的形式为（　　）．

   A．$\{x|x\neq-1$ 且 $x\neq 2,x\in\mathbf{R}\}$　　B．$(-\infty,+\infty)$

   C．$\{x|x\neq-1$ 或 $x\neq 2,x\in\mathbf{R}\}$　　D．$(-\infty,1)\cup(-1,2)\cup(2,+\infty)$

55. 集合 $\{y\in\mathbf{N}|y=-x^2+6,x\in\mathbf{N}\}$ 除空集外的真子集有（　　）个．

   A．6　　B．7　　C．8　　D．9

56. 在 $\triangle ABC$ 中，$\cos\angle A=\cos\angle B$ 是 $\angle A=\angle B$ 的（　　）．

   A．充分条件　　B．必要条件

   C．充要条件　　D．既不充分也不必要条件

57. 已知全集 $U=\{0,1,2\}$ 且 $\complement_U A=\{2\}$，则集合 A 的真子集共有（　　）．

   A．3个　　B．4个　　C．5个　　D．6个

58. 满足条件 $M \subsetneq \{1,2\}$ 的集合有（　　）.

　　A. 1个　　　　B. 2个　　　　C. 3个　　　　D. 4个

59. 集合 $M=\{0,1,2\}$，其所有子集和真子集的个数分别为（　　）.

　　A. 8，6　　　B. 8，7　　　C. 7，6　　　D. 6，5

60. 满足 $\{a,b\} \subsetneq M \subsetneq \{a,b,c,d,e\}$ 的集合 M 有（　　）.

　　A. 9个　　　　B. 8个　　　　C. 7个　　　　D. 6个

二、填空题

1. 若元素 a 在集合 A 中，则可记作_____；若 b 不是集合 A 的元素，则可以记作_____.

2. 集合 $\{0,1,2\}$ 采用的表示法为_____，集合 $\{x|x-1=0, x\in \mathbf{R}\}$ 采用的表示法为_____.

3. 如果集合 B 的元素与集合 A 的元素完全相同，那么就说两个集合的关系是_____.

4. 已知全集 U，空集 $\varnothing$，填写下列计算的结果.

$A \cup \varnothing =$_____；$A \cap U =$_____；$A \cap \complement_U A =$_____.

5. 用列举法表示下列集合.

① 大于 -4 且小于 12 的偶数集：_____；

② 方程 $x^2-5x-6=0$ 的解集：_____；

③ 不等式 $|2x-1| \leqslant 3$ 与 $\mathbf{N}$ 的交集：_____.

6. 用列举法表示下列集合.

$\left\{x \mid -\dfrac{2}{3} < x < 4, x \in \mathbf{N}\right\} =$ _____；$\{x \mid x=4k-1, -2<k<2, k\in \mathbf{Z}\}=$ _____.

7. 用描述法表示下列集合.

① 大于 -4 且小于 8 的所有整数组成的集合：_____；

② 绝对值小于 4 的所有实数组成的集合：_____；

③ y 轴上所有点组成的集合：_____.

8. 用符号"$\in$"、"$\notin$"、"$\subsetneq$"、"$\supseteq$"或"$=$"填空.

① $\{2,4,6\}$____$\{0,2,4,6,8\}$；② $\{x|x^2=16\}$____$\{-4,4\}$；

③ $\{0\}$____$\varnothing$；　　　　　　　　④ 0____$\{1,2\}$.

9. 用符号"$\in$"、"$\notin$"、"$\subsetneq$"、"$\supseteq$"或"$=$"填空.

① $\mathbf{Q}^+$____$\mathbf{R}$；② $\varnothing$____$\{x|x<-4 \text{且} x>3, x\in \mathbf{R}\}$；

③ -3.5____$\mathbf{Z}$；④ $\mathbf{Z}^+$____$\mathbf{N}^*$.

10. 指出下列集合之间的关系.

① 集合 $A=\{x|x=2k, k\in \mathbf{Z}\}$____集合 $B=\{x|x=4k, k\in \mathbf{Z}\}$；

② $\{x \mid x = 4k+3, k \in \mathbf{Z}, x \in \mathbf{Z}\}$ _____ $\{x \mid x = 2k+1, k \in \mathbf{Z}, x \in \mathbf{Z}\}$.

11. 设 $A = \{-1, 0, 1, 2\}$, $B = \{0, 2, 4, 6\}$, 则 $A \cap B =$ _____.

12. 设 $A = \{(x, y) \mid x - 2y = 1\}$, $B = \{(x, y) \mid x + 2y = 3\}$, 则 $A \cap B =$ _____.

13. 设 $A = \{x \mid -2 < x \leq 2\}$, $B = \{x \mid 0 \leq x \leq 4\}$, 则 $A \cap B =$ _____.

14. 设全集为 U, 给定的集合 $A \subseteq U$、$B \subseteq U$, 则 $\{x \mid x \in A \text{或} x \in B\} =$ _____; $\{x \mid x \in U \text{且} x \notin A\} =$ _____; $\{x \mid x \in A \text{且} x \in B\} =$ _____ (填 $\complement_U B$、$\complement_U A$、$A \cap B$ 或 $A \cup B$).

15. 设全集 $U = \mathbf{R}$, 集合 $A = \{x \mid x < -1\}$, 集合 $B = \{x \mid -2 \leq x < 3\}$, 则 $A \cap B =$ _____; $A \cup B =$ _____; $(\complement_U A) \cap (\complement_U B) =$ _____; $\complement_U (A \cup B) =$ _____.

16. 已知集合 $A = \{1, 2, 3, 5, 6\}$, $A \cap B = \{3, 5, 6\}$, $A \cup B = \{1, 2, 3, 4, 5, 6\}$, 则 $B =$ _____.

17. 指出条件 p 是 q 的什么条件.

① $p: x = y$ 是 $q: |x| = |y|$ 的 _____;

② $p: x < 2$ 是 $q: x < 0$ 的 _____;

③ 如果 $p \Rightarrow q$ 且 $p \Leftarrow q$, 那么 p 是 q 的 _____.

18. 若 $\{a, 0, -1\} = \{4, b, 0\}$, 则 $a =$ _____, $b =$ _____.

19. $(a-3)(b+1) = 0$ 的 _____ 条件是 $a = 3$ (填 "充分"、"必要" 或 "充要").

20. 设集合 $M = \{m \mid m \in \mathbf{N} \text{且} 8 - m \in \mathbf{N}\}$, 则元素 m 的个数是 _____.

21. 已知集合 $A = \{-1, 3, 2m-1\}$, 集合 $B = \{3, m^2\}$, 若 $B \subseteq A$, 则实数 $m =$ _____.

22. 用 "充分"、"必要"、"充要" 或 "既不充分也不必要" 填空.

① $a > b$ 是 $a^2 > b^2$ 的 _____ 条件; ② $x > 3$ 是 $x > 7$ 的 _____ 条件;

③ $ab = 0$ 是 $a = 0$ 的 _____ 条件; ④ $|a| + |b| = 0$ 是 $ab = 0$ 的 _____ 条件.

23. 满足条件 $\{1, 2\} \supseteq M$ 的集合 M 的个数是 _____.

24. 满足条件 $\{a, b\} \subsetneq M \subseteq \{a, b, c, d, e\}$ 的集合 M 的个数是 _____.

25. 下列说法: ①空集没有子集; ②任何集合至少有两个子集; ③空集是任何集合的真子集; ④若 $\emptyset \subsetneq A$, 则 $A \neq \emptyset$, 正确的是 _____ (填序号).

26. 设集合 $\{x, y\} = \{0, x^2\}$, 则实数 $x =$ _____, $y =$ _____.

27. 若 $A = \{1, 4, x\}$, $B = \{1, x^2\}$, $A \cup B = A$, 则 $x =$ _____.

28. 已知全集 $U = \{1, 2, 3, 4, 5, 6, 7, 8\}$, 集合 $A = \{3, 4, 5\}$, 集合 $B = \{1, 3, 6\}$, 则 $\complement_U B =$ _____; $A \cap B =$ _____; $(\complement_U A) \cap (\complement_U B) =$ _____; $\complement_U (A \cap B) =$ _____.

29. 已知全集 $U = \mathbf{R}$, 集合 $A = \{x \mid x < 5\}$, 集合 $B = \{x \mid x > 3\}$, 则 $(\complement_U A) \cap B =$ _____.

30. 全集 $A = \{1, 2, 3, 4, 5, 6\}$, $B = \{x \mid 2 \leq x \leq 5, x \in \mathbf{R}\}$, 下列结论: ① $A \cap B = B$; ② $A \cup B = B$; ③ $A \cap B = A$; ④ $A \cap B \subsetneq A$, 错误的是 _____ (填序号).

31. 设集合 $A = \{x \mid x^2 - x = 0\}$，$B = \{x \mid x^2 + x = 0\}$，则 $A \cap B = $ _____.

32. 已知 $A = \{(x,y) \mid 4x + y = 6\}$，$B = \{(x,y) \mid 3x + 2y = 7\}$，则 $A \cap B = $ _____.

33. 已知集合 $P = \{y \mid y = x^2 + 1, x \in \mathbf{R}\}$，$Q = \{y \mid y = x^2 + 2x, x \in \mathbf{R}\}$，则集合 $P \cap Q = $ _____.

34. 某班有学生45人，其中报名参加数学课外兴趣小组的有17人，报名参加英语课外兴趣小组的有23人，而这两个小组都没有报名参加的有7人，则同时报名参加这两个小组的学生人数是_____.

35. 已知 $U = \mathbf{R}$，集合 $A = \{x \mid x^2 + 3x + 2 < 0\}$，则 $\complement_U A = $ _____.

36. 若集合 $M = \{x \mid ax^2 + 2x + 1 = 0, x \in \mathbf{R}\}$ 只有一个元素，则实数 a 的值为_____.

37. 已知集合 $A = \{2,4,6,8,10\}$，$\complement_U A = \{1,3,5,7,9\}$，$\complement_U B = \{1,4,6,8,9\}$，则集合 $B = $ _____.

38. 设命题甲：$0 < x < 5$，命题乙：$|x - 2| < 3$，那么命题甲是命题乙的_____条件（填"充分"、"必要"或"充要"）.

39. 设集合 $A = \{1, 2\}$，则满足 $A \cup B = \{1, 2, 3\}$ 的集合 B 的个数是_____.

40. 设 $A = \{x \mid -2 < x + 1 < 2\}$，$B = \{x \mid x^2 - 5x + 6 \geq 0\}$，则集合 A、B 的关系是_____.

三、解答题

1. 有人说"集合的并集其实是实数的加法运算"，你认为这句话对吗？你能解释一下吗？

2. 若 $A = \{3, 5\}$，$B = \{x \mid x^2 + mx + n = 0\}$，$A \cup B = A$，$A \cap B = \{5\}$，求 m、n 的值.

3. 已知 $A = \{x \mid 6x^2 - x - 2 \geqslant 0\}$，$B = \{x \mid x^2 - x < 0\}$，求 $A \cap B$、$A \cup B$、$(\complement_U A) \cap (\complement_U B)$.

4. 已知集合 $A = \{(x,y) \mid x + y = 0\}$，$B = \{(x,y) \mid x - y = 2\}$，求 $A \cap B$.

5. 已知集合 $A = \{x \mid 2 \leqslant x \leqslant 5\}$，$B = \{x \mid 3 \leqslant x \leqslant 6\}$，全集 $U = \mathbf{R}$，求 $A \cap B$、$A \cup B$、$(\complement_U A) \cap B$、$\complement_U (A \cap B)$.

6. 已知 $P = \{x \mid x^2 - x - 6 \leqslant 0\}$，$Q = \{x \mid x - m \geqslant 0\}$.
（1）若 $P \subseteq Q$，求实数 m 的取值范围；
（2）若 $P \cap Q = \varnothing$，求实数 m 的取值范围.

7. 全集 $U=\{x\,|\,x$ 为不大于30的质数$\}$，A、B 是 U 的两个子集，且 $A\cap(\complement_U B)=\{5,13,23\}$，$(\complement_U A)\cap B=\{11,19,29\}$，$(\complement_U A)\cap(\complement_U B)=\{3,7\}$，求集合 A、B.

8. 已知集合 $A=\{x\,|\,x^2+2(a+1)x+a^2-1=0\}$，$B=\{x\,|\,x^2+4x=0\}$，且 $A\cap B=A$，求实数 a 的取值范围.

第二章 不等式

第一部分 考纲解读

一、知识内容

1. 实数的大小.
2. 不等式的性质及应用.
3. 一元二次不等式、含绝对值的一元二次不等式、一元不等式组及其解法.
4. 通过列不等式和不等式组解决实际问题.

二、具体要求

1. 掌握不等式的性质及其应用.
2. 掌握一元二次不等式和一元不等式组的解法，掌握解简单的含有绝对值的一元二次不等式的方法.
3. 了解不等式和不等式组在实际问题中的应用，会通过列不等式与不等式组解决简单的实际问题.

第二部分 真题解析

【例1】（2016.3）设 $x \in \mathbf{R}$，则不等式 $|x-1|<1$ 的解集为（　　）.

A. $\{x \mid 0<x<1\}$ B. $\{x \mid 0<x<2\}$

C. $\{x \mid x<0 \text{ 或 } x>2\}$ D. $\{x \mid -1<x<1\}$

解析：因为 $|x-1|<1$，$-1<x-1<1$，$0<x<2$，所以原不等式的解集为 $\{x \mid 0<x<2\}$，应选 B.

变式训练1（2015.5）不等式 $|x+a|<1$ 的解集为 $(1,3)$，则 $a=$（　　）.

A. -2 B. -1 C. 1 D. 2

变式训练 2（2017.9）若实数 x、y 满足 $x>y$，则下列不等式中，正确的是（　　）.

A．$|x|>|y|$　　B．$2^x>2^y$　　C．$\sin x>\sin y$　　D．$\ln(x-y)>0$

变式训练 3（2020.2）不等式 $|2x+5|<7$ 的解集为（　　）.

A．$(-\infty,-6)$　　　　　　　　B．$(-6,1)$

C．$(1,+\infty)$　　　　　　　　D．$(-\infty,-6)\cup(1,+\infty)$

变式训练 4（2021.2）不等式 $|x-2|\leqslant 1$ 的解集为（　　）.

A．$[-1,1]$　　　　　　　　B．$(-\infty,-1]\cup[1,+\infty)$

C．$[1,3]$　　　　　　　　D．$(-\infty,1]\cup[3,+\infty)$

【例 2】（2018.4）不等式 $x^2-3x+2<0$ 的解集为（　　）.

A．$(-2,1)$　　　　　　　　B．$(-\infty,1)\cup(2,+\infty)$

C．$(-\infty,-2)\cup(-1,+\infty)$　　D．$(1,2)$

解析：方程 $x^2-3x+2=0$ 的解为 1 和 2，函数 $y=x^2-3x+2$ 的图像开口向上，与 x 轴交于 $(1,0)$ 和 $(2,0)$ 两点，所以原不等式的解集为 $(1,2)$，应选 D．

变式训练 5（2019.2）不等式 $x^2-2x\leqslant 0$ 的解集为（　　）.

A．$[-2,0]$　　　　　　　　B．$(-\infty,-2]\cup[0,+\infty)$

C．$[0,2]$　　　　　　　　D．$(-\infty,0]\cup[2,+\infty)$

变式训练 6（2022.5）不等式 $x^2-x-12<0$ 的解集是（　　）.

A．$(-\infty,-3)$　　　　　　B．$(-3,4)$

C．$(4,+\infty)$　　　　　　D．$(-\infty,-3)\cup(4,+\infty)$

变式训练参考答案：

变式训练 1．A

变式训练 2．B

变式训练 3．B

变式训练 4．C

变式训练 5．C

变式训练 6．B

第三部分　强化训练

一、选择题

1．若 $a>b$，则一定有（　　）.

A．$a-b>2$　　B．$a-2>b-3$　　C．$a+2>b+3$　　D．$-\dfrac{a}{3}>-\dfrac{b}{3}$

2．如果 $a>b$，$b>c$，$d\geqslant m$，那么（　　）.

A．$a\geqslant m$　　B．$a+d\geqslant b+m$　　C．$a+d>b+m$　　D．$ad>bm$

3. 下列命题正确的是（　　）.

   A. 如果 $a>b$，那么 $ac>bc$
   B. 如果 $a>b$，那么 $ac^2>bc^2$
   C. 如果 $ac^2>bc^2$，那么 $a>b$
   D. 如果 $a>b$，$c>d$，那么 $ac>bd$

4. 若 a、b 是任意实数，且 $a>b$，则（　　）.

   A. $a^2>b^2$ B. $\dfrac{a}{b}<1$ C. $\lg(a-b)>0$ D. $\left(\dfrac{1}{2}\right)^a<\left(\dfrac{1}{2}\right)^b$

5. 下列 4 个式子中，正确的是（　　）.

   A. $3a>2a$ B. $3+a>3-a$ C. $\dfrac{3}{a}>\dfrac{2}{a}$ D. $a+3>a+2$

6. 下列属于开区间的是（　　）.

   A. $[a,b]$
   B. $[a,+\infty)$
   C. $x+1>-3$ 的解集
   D. $\sqrt{x-1}$ 的定义域

7. 下列说法正确的是（　　）.

   A. a 的绝对值一定大于 a
   B. a^2 一定是正数
   C. $\mathbf{N}^*\subsetneq\mathbf{N}$
   D. $xy\neq 0$ 是 $x\neq 0$ 的充要条件

8. 若 $a<b<0$，则下列不等式正确的是（　　）.

   A. $a^2<b^2$ B. $a^2<ab$ C. $\dfrac{b}{a}<1$ D. $\dfrac{1}{a}<\dfrac{1}{b}$

9. 若 $x>y$，$m>n$，则下列不等式正确的是（　　）.

   A. $x-m>y-n$ B. $xm>yn$ C. $\dfrac{x}{n}>\dfrac{y}{m}$ D. $m-y>n-x$

10. $x^2-mx+4>0$ 的解集为 $\mathbf{R}$，则 m 满足（　　）.

    A. m 为任意实数
    B. $m\in(-4,4)$
    C. $m\in(-\infty,-4)\cup(4,+\infty)$
    D. $m\in[-4,4]$

11. 不等式 $\dfrac{1}{x}>1$ 的解集是（　　）.

    A. $\{x\mid x>1\}$ B. $\{x\mid x<1\}$ C. $\{x\mid 0<x<1\}$ D. $\{x\mid x>1\ 或\ x<0\}$

12. $(x^2+1)(-2x+3)>0$ 的解集是（　　）.

    A. $\left\{\dfrac{3}{2}\right\}$ B. $\left\{x\mid x>\dfrac{3}{2}\right\}$ C. $\left\{x\mid x<\dfrac{3}{2}\right\}$ D. $\mathbf{R}$

13. 下列关系式正确的是（　　）.

    A. $a^2>0$ B. $|a|>0$ C. $|a+1|>0$ D. $|a^2+1|>0$

14. 下列关系式正确的是（　　）.

    A. $\dfrac{6}{7}>\dfrac{7}{8}$ B. $\pi>3.14$ C. $-2a>-3a$ D. $|a+1|\geq |a|+1$

15. 设 $A=(1,4)$，$B=[2,6]$，则 $A\cup B=$（　　）.

    A. $(1,4)$ B. $[2,6]$ C. $(1,6]$ D. $[2,4)$

16. 若集合 $A=(-3,-1)$，$B=[-3,0)$，则 $A\cap B=$（　　）.
    A. $\{-3\}$　　　　B. $\varnothing$　　　　C. $(-1,0)$　　　　D. $(-3,-1)$

17. $(x-2)^2>0$ 的解集可用区间表示为（　　）.
    A. **R**　　　　B. $\{2\}$　　　　C. $(-\infty,+\infty)$　　　　D. $(-\infty,2)\cup(2,+\infty)$

18. $2x-3>0$ 的补集可用区间表示为（　　）.
    A. $\left(-\infty,\dfrac{3}{2}\right)$　　　B. $\left(-\infty,\dfrac{3}{2}\right]$　　　C. $\left[\dfrac{3}{2},+\infty\right)$　　　D. $\left(\dfrac{3}{2},+\infty\right)$

19. 不等式组 $\begin{cases} 2x-1>1 \\ 5-x\geqslant 2 \end{cases}$ 的解集是（　　）.
    A. $(-1,5)$　　　　B. $(1,3]$　　　　C. $(-1,1)$　　　　D. $(3,5)$

20. 设集合 $A=[-2,3]$，$B=[-2,7)$，$U=\mathbf{R}$，则（　　）.
    A. $A\cap B=A$　　　　　　　　　　B. $A\cap B=B$
    C. $A\cap \complement_U B=\{0\}$　　　　D. $A\cup \complement_U B=(-\infty,+\infty)$

21. 下列结论正确的是（　　）.
    A. $\log_{\frac{1}{2}}2>0$　　B. $\log_2\dfrac{1}{2}>0$　　C. $2^{\frac{1}{2}}>1$　　D. $\left(\dfrac{1}{2}\right)^2>1$

22. 不等式 $\lg(x-1)<0$ 的解集是（　　）.
    A. $\{x\mid x>11\}$　　B. $\{x\mid x<11\}$　　C. $\{x\mid x<1\}$　　D. $\{x\mid 1<x<2\}$

23. 不等式 $x^2+2x+1<0$ 的解集是（　　）.
    A. $\{-1\}$　　　　　　　　　　B. $(-\infty,-1)\cup(-1,+\infty)$
    C. **R**　　　　　　　　　　　　D. $\varnothing$

24. 不等式 $x^2-2x+1>0$ 的解集是（　　）.
    A. $\{1\}$　　　　　　　　　　B. $(-\infty,1)\cup(1,+\infty)$
    C. **R**　　　　　　　　　　　D. $\varnothing$

25. 不等式 $2x-x^2>0$ 的解集是（　　）.
    A. $(-\infty,0)\cup(2,+\infty)$　　B. $(0,2)$
    C. $[0,1]$　　　　　　　　　　　D. **R**

26. 不等式 $x(x-1)\geqslant 0$ 的解集是（　　）.
    A. $(-\infty,0)\cup(1,+\infty)$　　B. $(-\infty,0]\cup[1,+\infty)$
    C. $(0,1)$　　　　　　　　　　　D. $[0,1]$

27. 不等式 $x^2-9\leqslant 0$ 的解集是（　　）.
    A. $(-\infty,-3)\cup(3,+\infty)$　　B. $(-\infty,-3]\cup[3,+\infty)$
    C. $(-3,3)$　　　　　　　　　　　D. $[-3,3]$

28. 不等式 $4-x^2>0$ 的解集是（　　）.
    A. $(-2,2)$　　　　　　　　　　B. $[-2,2]$
    C. $(-\infty,-2)\cup(2,+\infty)$　　D. $(-\infty,2)$

29. 不等式 $(2-x)(3-x)<0$ 的解集是（ ）.

    A．$(-\infty,2)\cup(3,+\infty)$ B．$(-\infty,2]\cup[2,+\infty)$

    C．$(2,3)$ D．$[2,3]$

30. 若 $|x|=-a$，则下列结论正确的是（ ）.

    A．a 一定是负数   B．a 一定是非负数

    C．a 一定是正数   D．a 一定不是正数

31. 若不等式 $ax^2+bx+2>0$ 的解集为 $\left\{x\left|-\dfrac{1}{2}<x<\dfrac{1}{3}\right.\right\}$，则 $a-b$ 等于（ ）.

    A．-4 B．14 C．-10 D．10

32. 不等式 $3|x|-5\geqslant 7$ 的解集是（ ）.

    A．$(-4,4)$ B．$(-4,4]$

    C．$(-\infty,-4]\cup[4,+\infty)$ D．$[-4,4]$

33. 不等式 $|x|+1<3$ 的解集是（ ）.

    A．$(-4,2)$ B．$(-\infty,-4)\cup(2,+\infty)$

    C．$[2,-2)$ D．$(-2,2)$

34. 不等式 $|x+2|>2$ 的解集是（ ）.

    A．$(-\infty,-4)\cup(0,+\infty)$ B．$(-4,0)$

    C．$\mathbf{R}$ D．$(0,+\infty)$

35. 不等式 $|1-x|<2$ 的解集是（ ）.

    A．$(-3,1)$ B．$(-1,3)$

    C．$(-\infty,-1)\cup(3,+\infty)$ D．$(-1,1)$

36. 不等式 $3-2|x|<2$ 的解集是（ ）.

    A．$\left(-\dfrac{1}{2},\dfrac{1}{2}\right)$ B．$\left(-\dfrac{1}{2},0\right)$

    C．$\left(0,\dfrac{1}{2}\right)$ D．$\left(-\infty,-\dfrac{1}{2}\right)\cup\left(\dfrac{1}{2},+\infty\right)$

37. 不等式 $2|x-4|-3\leqslant 1$ 的解集是（ ）.

    A．$[2,6]$ B．$(2,6)$

    C．$(-\infty,-2)\cup(6,+\infty)$ D．$(-\infty,2]\cup[6,+\infty)$

38. 不等式 $|3x-2|>2x$ 的解集是（ ）.

    A．$(-\infty,0)$ B．$\left(-\infty,\dfrac{2}{5}\right]\cup(2,+\infty)$

    C．$\left(\dfrac{2}{5},2\right)$ D．$(0,+\infty)$

39. 若 $\dfrac{2a-1}{5}<\dfrac{a+2}{3}$，则实数 a 的取值范围为（ ）.

    A．$\{a|a>7\}$ B．$\{a|a<7\}$ C．$\{a|a<13\}$ D．$\{a|a>13\}$

40．函数 $y = \dfrac{\sqrt{x^2-1}}{x-1}$ 的定义域为（　　）．

　　A．$[-1,1]$ 　　　　　　　　　　B．$(-1,1)$

　　C．$(-\infty,-1] \cup (1,+\infty)$ 　　　D．$(-\infty,-1] \cup [1,+\infty)$

41．函数 $y = \sqrt{x^2-1} + \dfrac{1}{\sqrt{x+2}}$ 的定义域为（　　）．

　　A．$(-\infty,-2] \cup [1,+\infty)$ 　　B．$(-2,1)$

　　C．$[-1,1]$ 　　　　　　　　　　D．$(-2,-1] \cup [1,+\infty)$

42．不等式组 $\begin{cases} |x-2|<2 \\ \log_2(x^2-1)>1 \end{cases}$ 的解集是（　　）．

　　A．$(0,\sqrt{3})$ 　　B．$(\sqrt{3},2)$ 　　C．$(\sqrt{3},4)$ 　　D．$(2,4)$

43．不等式 $\dfrac{x-1}{x} \geqslant 2$ 的解集是（　　）．

　　A．$[-1,0]$ 　　B．$[-1,+\infty)$ 　　C．$(-\infty,-1]$ 　　D．$(-\infty,-1] \cup (0,+\infty)$

44．若 $\dfrac{1}{a} < \dfrac{1}{b} < 0$，则下列不等式：①$a+b<ab$，②$|a|>|b|$，③$a>b$，④$a<b$，正确的是（　　）．

　　A．①②③ 　　B．①②④ 　　C．①③ 　　D．②④

45．若一元二次不等式 $ax^2-x-1<0$ 对于 $x \in \mathbf{R}$ 都成立，则实数 a 的取值范围为（　　）．

　　A．$\left(\dfrac{1}{4},+\infty\right)$ 　　B．$\left(-\infty,-\dfrac{1}{4}\right)$ 　　C．$\left[\dfrac{1}{4},+\infty\right)$ 　　D．$\left(-\infty,-\dfrac{1}{4}\right]$

46．$f(x)$ 为偶函数且在 $[0,4]$ 上是增函数，若 $a=f(-\pi)$，$b=f\left(\log_2 \dfrac{1}{8}\right)$，则 a 与 b 的大小关系为（　　）．

　　A．$a>b$ 　　　　　　　　　　B．$a<b$

　　C．$a=b$ 　　　　　　　　　　D．无法确定

47．由函数 $f(x) = \sqrt{3+2x-x^2}$ 定义域中的自然数构成的集合是（　　）．

　　A．$\{0,1\}$ 　　B．$\{1,2,3\}$ 　　C．$\{0,1,2\}$ 　　D．$\{0,1,2,3\}$

48．若 $f(x)$ 是奇函数，在 $(-\infty,0]$ 上又是减函数，且 $f(-3)=2$，则下列关系式正确的是（　　）．

　　A．$f(4)>2$ 　　B．$f(4)<2$ 　　C．$f(4)>-2$ 　　D．$f(4)<-2$

49．已知 $x>2$，则（　　）．

　　A．$x^2-x>2$ 　　B．$x^2-x<2$ 　　C．$x^2-x \leqslant 2$ 　　D．以上都不对

50．若 $a+b>0$，$c<0$，$bc>0$，则（　　）．

　　A．$a^2>b^2$ 　　B．$a^2<b^2$ 　　C．$a-b<0$ 　　D．$b-a>0$

二、填空题

1. 比较大小：若 $a > b$，则 ac^2 _____ bc^2；反过来，若 $ac^2 < bc^2$，则 a _____ b.

2. $xy > 0$ 是 $x > 0$ 且 $y > 0$ 的 _____ 条件（填写"充分"、"必要"或"充要"）.

3. 实数比较大小的法则：设 $a, b \in \mathbf{R}$，则 $a > b \Leftrightarrow$ _____；$a = b \Leftrightarrow$ _____；$a < b \Leftrightarrow$ _____.

4. $|x - 2| > 0$ 的解集可用区间表示为 _____.

5. 函数 $y = \sqrt{x^2 - 4}$ 的定义域为 _____；函数 $y = \dfrac{1}{\sqrt{x - 3}}$ 的定义域为 _____.

6. 已知 $2^x - 1 > 7$，则 x 的取值范围为 _____.

7. 已知 $\left(\dfrac{1}{2}\right)^{x+1} < \dfrac{1}{8}$，则 x 的取值范围为 _____.

8. 已知 $f(x)$ 既是偶函数又是增函数，若 $x_1 < x_2$，则 $f(-x_1)$ ____ $f(-x_2)$.

9. 若 $a < 0$，则 $(a + 1)^2$ ____ $a^2 + 1$.

10. 若 $a > 5, b < -5$，则 $(5 - a)(b + 5)$ _____ 0.

11. 集合 $\{x \mid x \geq -2 \text{ 且 } x \neq 0\}$ 可用区间表示为 _____.

12. 函数 $y = \dfrac{1}{\sqrt{x - 1}} + \sqrt{x^2 - 5x - 6}$ 的定义域为 _____.

13. 设全集 $U = [0, 5]$，若 $\complement_U A = [0, 3]$，则 $A =$ _____.

14. 不等式组 $\begin{cases} x - 3 < 0 \\ 2x + 1 > 0 \end{cases}$ 的解集为 _____.

15. $x^2 - 2x + 7 < 0$ 的解集为 _____；$x^2 - 4x + 4 > 0$ 的解集为 _____；$(5 - 2x)(x + 3) \geq 0$ 的解集为 _____.

16. $\Delta = b^2 - 4ac$ 是 $ax^2 + bx + c = 0$（$a \neq 0$）根的判别式，当 $\Delta < 0$ 时，不等式 $ax^2 + bx + c < 0$（$a < 0$）的解集是 _____；当 $\Delta = 0$ 时，不等式 $ax^2 + bx + c \geq 0$（$a < 0$）的解集是 _____.

17. 函数 $y = 1 - 2\sin\left(x - \dfrac{\pi}{3}\right)$ 的值域为 _____.

18. $\sin(-310°)$ _____ $\sin 45°$.

19. 若 $\sin x = a - 4$，则 a 的取值范围为 _____.

20. 若 $x^2 - mx + 1 > 0$ 的解集为 $\mathbf{R}$，则 m 的取值范围可用区间表示为 _____.

21. 函数 $y = 4x - x^2 + 1$ 与 $y = 5$ 有 _____ 个交点.

22. 若不等式 $\dfrac{3x - 5}{2} > \dfrac{2x - 4}{3}$ 成立，则 x 的取值范围为 _____.

23. 若 $\lg(x + 2) < 1$，则 x 的取值范围可用区间表示为 _____.

24. 设 $a > 0, b > 0$，若 $\lg a + \lg b = 1$，则 $a^2 + b^2$ 的最小值为 _____.

25. 已知 $a = 5^{\frac{1}{2}}, b = \log_5 2, c = \log_5 4$，则 $a、b、c$ 的大小关系为 _____.

26. 设 $a \in \mathbf{R}$，则 $a^2 - 3$ 与 $4a - 15$ 的大小关系为_____.

27. 不等式 $2 \leqslant x^2 - 2x < 8$ 的整数解集为_____；$5 < |7 - 3x| < 11$ 的解集为_____.

28. $-2|x - 3| < -5$ 的解集为_____.

29. 如果不等式 $|ax + b| \leqslant c$ 的解集非空，那么 c 应满足的条件是_____.

30. 绝对值 $|a|$ 的代数意义：$|a|=$_____；$|a|$ 的几何意义：_____.

三、解答题

1. 当 x 为何值时，代数式 $\dfrac{x+1}{2}$ 的值与代数式 $\dfrac{2x-1}{3}$ 的值之差不大于 8？

2. 当 a、b 不同时为零时，比较 a^2 与 $\dfrac{2}{3}ab - b^2$ 的大小.

3. 解不等式组：（1）$\begin{cases} 2x + 3(4-x) > 4 \\ x - 3 > \dfrac{x}{2} - \dfrac{1}{4} \end{cases}$；（2）$\begin{cases} x + 1 > 0 \\ x \leqslant \dfrac{x-2}{3} + 2 \end{cases}$，并求不等式组的最大整数解.

4. 解不等式组：（1）$\begin{cases} \left(\dfrac{1}{2}\right)^{x+1} > \dfrac{1}{16} \\ 5x - 3 > 3x - 5 \end{cases}$；（2）$\begin{cases} x^2 - 5x - 6 < 0 \\ 1 + 2x > 3(x - 1) \end{cases}$.

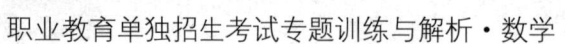

5. 解不等式：（1）$\log_2 8^{(x+1)} > \log_2 16$；（2）$\left(\dfrac{1}{2}\right)^{x^2-3x-11} > 2$．

6. 解一元二次不等式：（1）$x - x^2 + 6 < 0$；（2）$2x^2 + 3x - 6 < 3x^2 + x - 5$．

7. 解关于 x 的不等式 $56x^2 + ax - a^2 < 0$（$a \in \mathbf{R}$）．

8. 设全集 $U = \mathbf{R}$，$A = \{x \mid |x-1| < 4\}$，$B = \{x \mid x^2 - 2x \geq 0\}$，求 $A \cap B$、$A \cap \complement_U B$．

9. 求下列函数的定义域：（1）$y = \sqrt{\log_{\frac{1}{2}}(x+1)}$；（2）$y = \dfrac{1}{\ln(x^2 - x)}$；（3）$y = \dfrac{1}{\sqrt{\log_{\frac{1}{3}} x - 1}}$．

10. （1）已知方程 $x^2 + (1+k)x + k = 0$ 有两个不相等的实数根，求 k 的取值范围；

（2）当 k 为何值时，关于 x 的一元一次方程 $kx - 2k - 3 = 0$ 的根为非负实数？

11. 已知 $|x-a|<b$ 的解集是 $\{x\,|\,-7<x<3\}$，求 a、b 的值.

12. 已知不等式 $x^2-ax+6<0$ 的解集是 $\{x\,|\,2<x<3\}$，求不等式 $6x^2+ax+1>0$ 的解集.

13. 解不等式：（1）$|4x-1|+2\geqslant 9$；（2）$\left(\dfrac{1}{2}\right)^x<2^{x-2}<2^{2x}$；（3）$\dfrac{x-1}{2x+3}>2$.

14. 已知函数 $f(x)=x^2+2x$，函数 $g(x)$ 与 $f(x)$ 的图像关于原点对称，解不等式 $g(x)\geqslant f(x)-|x-1|$.

15. 判断 $2x-1$ 的值是否可以同时大于 $x-5$ 和 $3x+1$ 的值，并说明理由.

第三章

函数

第一部分　考纲解读

一、知识内容

1. 映射，函数，函数的表示方法，函数的单调性，函数的奇偶性．
2. 二次函数，二次函数的性质和图像．
3. 函数的实际应用．
4. 待定系数法．

二、具体要求

1. 理解映射和函数的概念，理解函数的单调性与函数的奇偶性．
2. 掌握二次函数的性质，会初步建立实际问题中的二次函数模型并求解．
3. 掌握待定系数法．
4. 了解函数模型在实际问题中的应用，会解简单的函数应用问题．

第二部分　真题解析

【例1】（2016.4）下列函数在其定义域内为奇函数的是（　　）．

  A．$y=2^x$　　　　B．$y=4-x^2$　　　　C．$y=-\dfrac{1}{x}$　　　　D．$y=1+\sin x$

答案： C

变式训练1（2017.8）若函数 $f(x)=\dfrac{(x+2)(x+a)}{x}$ 为奇函数，则 $a=$（　　）．

  A．-2　　　　B．0　　　　C．2　　　　D．a 为任意实数

变式训练2（2018.2）下列函数在其定义域内为偶函数的是（　　）．

  A．$f(x)=\dfrac{\sin x}{x}$　　　　　　　　B．$f(x)=2^x$

C. $f(x)=\dfrac{1}{2}\ln\dfrac{1+x}{1-x}$ D. $f(x)=x\cos x$

变式训练 3（2019.4）下列函数在其定义域内是偶函数，且在区间$(0,+\infty)$上是减函数的是（　　）．

A. $f(x)=2^{-x}$ B. $f(x)=\lg|x|$ C. $f(x)=x^{-2}$ D. $f(x)=x\sin x$

变式训练 4（2020.7）设$f(x)=2^{\frac{1}{x}}$，$g(x)=\log_{\frac{1}{2}}x$，则当$x>0$时，有（　　）．

A. $f(x)$单调递增，$g(x)$单调递减   B. $f(x)$与$g(x)$均单调递减

C. $f(x)$单调递减，$g(x)$单调递增   D. $f(x)$与$g(x)$均单调递增

变式训练 5（2021.4）函数$y=\dfrac{1}{\sqrt{2-3x}}+\lg(2x-1)$的定义域为（　　）．

A. $\left(\dfrac{1}{2},\dfrac{2}{3}\right)$ B. $\left[\dfrac{1}{2},\dfrac{2}{3}\right]$ C. $\left(\dfrac{1}{2},\dfrac{2}{3}\right]$ D. $\left[\dfrac{2}{3},+\infty\right)$

变式训练 6（2022.6）下列函数中，定义域为$(0,+\infty)$的函数是（　　）．

A. $f(x)=x^{\frac{1}{2}}$ B. $f(x)=\cos x$

C. $f(x)=\left(\dfrac{1}{2}\right)^x$ D. $f(x)=\lg x$

变式训练 7（2019.14）若$x\in\mathbf{R}$，函数$f(x)=a-x-x^2<0$，则实数a的取值范围是_____．

变式训练 8（2020.15）若函数$f(x)=\dfrac{1}{e^x-1}+a$在其定义域内为奇函数，则实数$a=$_____．

变式训练 9（2022.15）已知$x\in\mathbf{R}$，函数$f(x)$为偶函数，且当$x\geqslant 0$时，$f(x)=3-x$，则$f(-2)=$_____．

变式训练 10（2021.14）若$f(x)=(2-x)(a+x)$为偶函数，则$a=$_____．

【例 2】（2015.22）在营销活动中，降低价格未必就会减少收入．有一网络服务商，在一个服务期内可为本地提供最多25×10^6个网络流量单位的网络服务，根据前期运行调查，当每个网络流量单位的价格定为0.6元时，用户的实际使用流量约为10×10^6个网络流量单位，且每个网络流量单位的价格每降低0.1元，用户使用流量将增加5×10^6个网络流量单位．记每个网络流量单位的价格为x（元），一个服务期内用户实际使用的流量为y．

（1）写出y与x之间的函数解析式及定义域；

（2）当每个网络流量单位的价格定为多少元时，网络服务商在一个服务期内的流量收入最大？求出最大收入．

解析：（1）$y=10\times 10^6+\dfrac{0.6-x}{0.1}\times 5\times 10^6=10^7\times(4-5x)$．

由于$0\leqslant y\leqslant 25\times 10^6$，即$0\leqslant 10^7\times(4-5x)\leqslant 25\times 10^6$，于是得$0.3\leqslant x\leqslant 0.8$，故一个服务期内用户实际使用流量与每个网络流量单位价格的函数解析式为

$$y = 10^7 \times (4 - 5x)$$

其定义域为 $[0.3, 0.8]$.

（2）设网络服务商在一个服务期内的流量收入为 R，则有

$$R = yx = 10^7 \times (4 - 5x)x$$
$$= 10^7 \times (4x - 5x^2)$$
$$= 5 \times 10^7 \times [0.4^2 - (0.4 - x)^2]$$

当 $x = 0.4$ 时，收入 R 取最大值，$R_{max} = 5 \times 10^7 \times 0.4^2 = 8 \times 10^6$.

故当每个网络流量单位的价格定为 0.4 元时，网络服务商在一个服务期内的网络流量收入最大，其最大收入为 8×10^6 元.

变式训练 11（2016.22）养殖场准备利用长为 60m 的铁丝网围建一个如下图所示的围栏，它的左部是矩形，右部是半圆，设半圆的半径为 r，围栏的面积为 y.

（1）求 y 与 r 之间的函数解析式；

（2）当 r 为何值时，围成的面积最大？求出最大面积.

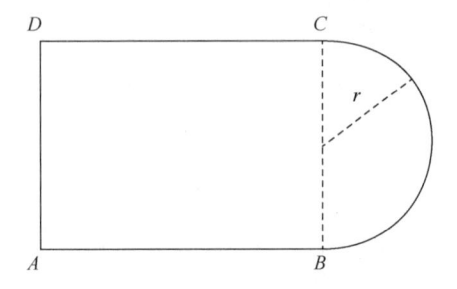

变式训练 12（2017.22）某厂生产的某种电子产品每台售价为 900 元，成本价为 600 元. 厂方为鼓励销售商大量采购，规定一次性订购量超过 100 台以上的，每多订购一台，该次订购的产品每台售价就降低 1 元，但最低价为每台 750 元.

（1）某销售商一次性订购了 200 台该产品，厂方可获多少利润？

（2）求厂方所获利润 y 与一次性订购量 x 的函数解析式.

变式训练 13（2018.22）某旅游社组团到某地进行为期一周的旅游，每人的往返机票、食宿、参观门票等费用共需 3000 元. 若将每人的收费标准定为 4000 元，则只有 20 人参加旅游团；当每人的收费标准高于 4000 元时，则没有人参团. 每人的收费标准从 4000 元每降低 100 元，参加旅游团的人数就增加 10 人.

（1）求该旅行社在本次旅行中利润的函数解析式；

（2）当每人收费标准定为多少元时，该旅行社所获利润最大？求出最大值.

变式训练 14（2019.21）某企业生产电子元件的产量为劳动力人数与设备台数乘积的 20 倍. 该企业计划投入 6000 万元聘用劳动力和购买设备，设聘用一个劳动力需要 15 万元，购买一台设备需要 25 万元.

（1）求该企业生产电子元件的产量与聘用劳动力人数的函数解析式；

（2）该企业应聘用多少个劳动力及购买几台设备，可使得产量达到最大？求出产量最大值．

变式训练 15（2020.22）电子厂生产了 600 件某种电器元件，每件售价为 500 元，厂方为促销该元件，规定当一次订购量超过 400 件时，每超过一件，该次订购的每件元件的售价就降低 1 元．

（1）将该电子厂的销售收入表示成一次订购量的函数解析式；

（2）当一次订购量为多少件时，该电子厂的销售收入最大？求出最大值．

变式训练 16（2021.21）某工厂生产某种产品的固定成本为 90 万元，且每生产 1t 该产品，成本增加 10 万元．若该产品一次性出售，其销售价格 p（单位：万元/t）与销售量 x（单位：t）的函数关系为 $p = 20 - \dfrac{x}{10}$．

（1）求该产品的利润 y（利润=销售收入−总成本）与 x 的函数解析式；

（2）当 x 为多少吨时利润最大？求出最大利润．

变式训练 17（2022.22）某厂有许多形状为直角梯形的金属薄片边角料，如下图所示，为降低消耗，开源节流，现从这些边角料上截取如图中阴影部分所示的矩形薄片备用，其中 $5\text{cm} \leqslant x < 20\text{cm}$．

（1）求矩形的面积与其边长 x 的函数解析式；

（2）当矩形的边长 x、y 分别为多少厘米时，所截取的矩形面积最大？求出最大值．

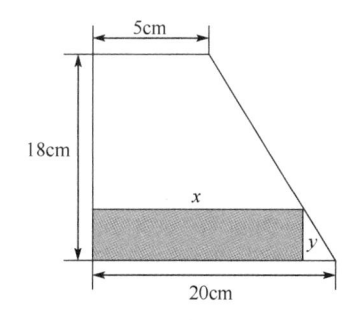

变式训练参考答案：

变式训练 1．A

变式训练 2．A

变式训练 3．C

变式训练 4．B

变式训练 5．A

变式训练 6．D

变式训练 7．$\left(-\infty, -\dfrac{1}{4}\right)$

变式训练 8．$\dfrac{1}{2}$

变式训练 9. 1

变式训练 10. 2

变式训练 11. **解**：（1）由题意可知，$AB = \dfrac{60-2r-\pi r}{2}$.

所以
$$y = 2r \times \dfrac{60-2r-\pi r}{2} + \dfrac{1}{2}\pi r^2$$
$$= 60r - 2r^2 - \dfrac{1}{2}\pi r^2$$

（2）由（1）可知
$$y = 60r - \dfrac{4+\pi}{2}r^2 = -\dfrac{4+\pi}{2} \times \left(r^2 - \dfrac{120}{4+\pi}r\right)$$
$$= -\dfrac{4+\pi}{2}\left[\left(r - \dfrac{60}{4+\pi}\right)^2 - \left(\dfrac{60}{4+\pi}\right)^2\right]$$
$$= -\dfrac{4+\pi}{2}\left(r - \dfrac{60}{4+\pi}\right)^2 + \dfrac{1800}{4+\pi}$$

故当 $r = \dfrac{60}{4+\pi}$ 时，面积 y 取最大值，且 $y_{\max} = \dfrac{1800}{4+\pi}$. 即当半径 r 为 $\dfrac{60}{4+\pi}$ m 时，围栏的面积最大，且最大面积为 $\dfrac{1800}{4+\pi}$ m².

变式训练 12. **解**：（1）订购 200 台该产品时的单价为 900−(200−100)=800（元）.

厂方可获利润为 (800−600)×200=40000（元）.

（2）当 $0 \leqslant x \leqslant 100$ 时，$y = (900-600)x = 300x$.

当 $x>100$ 时，由题意可知，每台售价需 $900-(x-100) = 1000-x \geqslant 750$，解得 $x \leqslant 250$. 因而，当 $100 < x \leqslant 250$ 时，厂方可获利润为 $y = (1000-x-600)x = 400x - x^2$；当 $x>250$ 时，厂方可获利润为 $y = (750-600)x = 150x$.

所以厂方所获利润 y 与一次性订购量 x 的函数解析式为
$$y = \begin{cases} 300x, & 0 \leqslant x \leqslant 100 \\ 400x - x^2, & 100 < x \leqslant 250 \\ 150x, & x > 250 \end{cases}$$

变式训练 13. **解**：设参加旅游团的收费标准为 x 元，旅游社所获利润为 y 元. 则
$$y = (x-3000)\left(20 + 10 \times \dfrac{4000-x}{100}\right)$$
$$= (x-3000)\left(420 - \dfrac{x}{10}\right)$$
$$= -\dfrac{1}{10}x^2 + 720x - 1260000$$

因为 $-\dfrac{1}{10} < 0$，所以 y 有最大值，当 $x = -\dfrac{720}{2\times\left(-\dfrac{1}{10}\right)} = 3600$ 元时，

$$y_{\max} = \dfrac{4\times\left(-\dfrac{1}{10}\right)\times(-1260000) - 720^2}{4\times\left(-\dfrac{1}{10}\right)} = 36000 \text{ 元}$$

所以当每人收费标准定为 3600 元时，旅行社所获利润最大，为 36000 元.

变式训练 14．解：（1）设该企业生产电子元件的产量为 Q，聘用的劳动力人数为 x，购买设备台数为 y.

由题意可知，$Q = 20xy$，$15x + 25y = 6000$，$y = \dfrac{1}{5}(1200 - 3x)$.

故 $Q(x) = 20x \times \dfrac{1}{5}(1200 - 3x) = 4x(1200 - 3x) = 4800x - 12x^2$.

即该企业生产电子元件的产量与聘用劳动力人数的函数解析式为
$$Q(x) = 4800x - 12x^2$$

（2）由（1）可知
$$Q(x) = -12(x^2 - 400x)$$
$$= -12(x - 200)^2 + 480000$$

故当 $x = 200$，$y = \dfrac{1}{5}\times(1200 - 600) = 120$ 时，$Q_{\max} = 480000$．即该企业应聘用 200 个劳动力，购买 120 台设备，产量达到最大值，最大值为 480000.

变式训练 15．解：（1）设一次订购量为 x，每件元件的实际售价为 p，销售收入为 y.
由题意可知，$x \in [0, 600]$.

当 $0 \leqslant x \leqslant 400$ 时，$p = 500$，则 $y = px = 500x$.

当 $400 < x \leqslant 600$ 时，$p = 500 - 1\times(x - 400) = 900 - x$，则 $y = px = (900 - x)x = 900x - x^2$.

故将该电子厂的销售收入表示成一次订购量的函数解析式为
$$y = \begin{cases} 500x, & 0 \leqslant x \leqslant 400 \\ 900x - x^2, & 400 < x \leqslant 600 \end{cases}$$

（2）由（1）可知，当 $0 \leqslant x \leqslant 400$ 时，$y_{\max} = y|_{x=400} = 500\times 400 = 200000$.

当 $400 < x \leqslant 600$ 时，$y = 900x - x^2 = -(x - 450)^2 + 450^2 = -(x - 450)^2 + 202500$，即 $y_{\max} = y|_{x=450} = 202500$.

因此当 $x = 450$ 件时，该电子厂的销售收入最大，且最大值为 202500 元.

变式训练 16．解：（1）由题意可知，$20 - \dfrac{x}{10} > 0$，解得 $x < 200$，即 $0 \leqslant x < 200$.

$$y = px - 10x - 90$$
$$= \left(20 - \dfrac{x}{10}\right)x - 10x - 90$$

$$=-\frac{x^2}{10}+10x-90$$

（2）由（1）可知

$$y=-\frac{1}{10}\left(x^2-100x\right)-90$$
$$=-\frac{1}{10}(x-50)^2+250-90$$
$$=-\frac{1}{10}(x-50)^2+160$$

故当 $x=50$ 时，$y_{\max}=160$．即当销售量为50t时，利润最大，且最大利润为160万元．

变式训练17．解：（1）设矩形面积为 S，则 $S=xy$．

因为

$$xy=\frac{1}{2}\times(5+20)\times18-\frac{1}{2}(5+x)(18-y)-\frac{1}{2}(20-x)y$$

可得

$$y=24-\frac{6}{5}x$$

所以

$$S=xy$$
$$=x\left(24-\frac{6}{5}x\right)$$
$$=-\frac{6}{5}x^2+24x \quad (5\leqslant x<20)$$

（2）当 $x=-\dfrac{b}{2a}=-\dfrac{24}{2\times\left(-\dfrac{6}{5}\right)}=10$ 时，$y=24-\dfrac{6}{5}\times10=12$，$S_{\max}=10\times12=120$．

所以，当矩形的边长 $x=10\text{cm}$，$y=12\text{cm}$ 时，所截取的矩形面积最大，最大面积为 120cm^2．

第三部分　强化训练

一、选择题

1. 函数 $f(x)=\sqrt{4-x^2}$ 的定义域是（　　）．

    A．$(-2,2)$ 　　　　　　　　　　B．$[-2,2]$
    C．$(-\infty,-2)\cup(2,+\infty)$ 　　D．$(-\infty,-2]\cup[2,+\infty)$

2. 函数 $f(x)=\dfrac{2x}{x^2-1}$ 的定义域是（　　）．

    A．$\mathbf{R}$ 　　　　　　　　　　B．$(-1,1)$
    C．$(-\infty,1)\cup(1,+\infty)$ 　　D．$(-\infty,-1)\cup(-1,1)\cup(1,+\infty)$

3. 函数 $f(x)=\sqrt{x+1}-\dfrac{1}{x}$ 的定义域是（　　）.

   A. $[1,+\infty)$　　B. $(-1,+\infty)$　　C. $[-1,+\infty)$　　D. $[-1,0)\cup(0,+\infty)$

4. 函数 $y=x^2+1$ 的定义域和值域分别是（　　）.

   A. $\mathbf{R}$，$\mathbf{R}$　　　　　　　　B. $(0,+\infty)$，$(0,+\infty)$

   C. $\mathbf{R}$，$(0,+\infty)$　　　　　　D. $\mathbf{R}$，$[1,+\infty)$

5. 若 $f(x)=2x^2+1$ 且 $x\in\{-1,0,1\}$，则 $f(x)$ 的值域是（　　）.

   A. $\{-1,0,1\}$　　B. $(1,3)$　　C. $[1,3]$　　D. $\{1,3\}$

6. 函数 $f(x)=-x^2-4x+1$（$-3\leqslant x\leqslant 3$）的值域是（　　）.

   A. $(-\infty,5]$　　B. $[5,+\infty)$　　C. $[-20,5]$　　D. $[4,5]$

7. 函数 $f(x)=\sqrt{1-x}+\sqrt{x-1}$ 的定义域是（　　）.

   A. $(-\infty,1]$　　B. $[1,+\infty)$　　C. $(-\infty,+\infty)$　　D. $\{1\}$

8. 已知函数 $f(x)=3x+\dfrac{1}{2}$，则 $f\left(\dfrac{2}{3}\right)=$（　　）.

   A. $\dfrac{5}{2}$　　B. $\dfrac{5}{3}$　　C. $\dfrac{5}{4}$　　D. $\dfrac{5}{6}$

9. 已知函数 $f(x)=\dfrac{x-2}{x+2}$，则 $f(0)=$（　　）.

   A. 0　　B. 1　　C. 2　　D. -1

10. 已知函数 $f(x)=\begin{cases}\sqrt{x-1},&x\geqslant 1\\1,&x<1\end{cases}$，则 $f(5)=$（　　）.

    A. 0　　B. 1　　C. 2　　D. 不存在

11. 已知 $f(x)=\begin{cases}x-1,&x\geqslant 0\\x+1,&x<0\end{cases}$，则 $f[f(0)]=$（　　）.

    A. -1　　B. 0　　C. 1　　D. 不确定

12. 设 $f(x-1)=2x-1$，则 $f(2)=$（　　）.

    A. 3　　B. 4　　C. 5　　D. 6

13. 设 $f(x)=x^2+1$，则 $f(2x-1)=$（　　）.

    A. $4x-1$　　B. $4x^2-4x+2$　　C. $4x^2-4x-2$　　D. $2x^2-2x+1$

14. 已知 $y=f(x)$ 为偶函数且 $f(-3)=20$，则 $f(3)=$（　　）.

    A. 3　　B. -3　　C. 20　　D. -20

15. 已知 $f(x)=x^5+bx^3+cx-2$ 且 $f(-2)=5$，则 $f(2)=$（　　）.

    A. -15　　B. -10　　C. -9　　D. 2

16. 下列函数中，与函数 $y=x$ 是同一函数的是（　　）.

    A. $y=(\sqrt{x})^2$　　B. $y=\sqrt{x^2}$　　C. $s=t$　　D. $y=\dfrac{x^2}{x}$

17. 点 $A(2,-3)$ 与点 $B(-2,3)$ 的对称性是（　　）.

　　A．关于 x 轴对称　　　　　　　　B．关于 y 轴对称

　　C．关于原点对称　　　　　　　　D．关于直线 $y=x$ 对称

18. 下列函数为偶函数的是（　　）.

　　A．$f(x)=2^x$　　B．$f(x)=1-x^2$　　C．$f(x)=2x-1$　　D．$f(x)=x^3$

19. 下列函数为奇函数的是（　　）.

　　A．$y=\sqrt{x}$　　B．$y=\sin x$　　C．$y=1-2x$　　D．$y=x^2+1$

20. 下列函数中，既是奇函数又是增函数的是（　　）.

　　A．$y=\dfrac{1}{x}$　　B．$y=x^2$　　C．$y=-2x$　　D．$y=3x$

21. 函数 $f(x)=x^2+4x-1$ 的增区间是（　　）.

　　A．$(0,+\infty)$　　B．$(-4,+\infty)$　　C．$(-2,+\infty)$　　D．$(2,+\infty)$

22. 设函数 $f(x)=kx+b$，若 $f(1)=-2$，$f(-1)=0$，则（　　）.

　　A．$k=1$，$b=-1$　　　　　　　　B．$k=-1$，$b=-1$

　　C．$k=-1$，$b=1$　　　　　　　　D．$k=1$，$b=1$

23. 函数 $y=4x$ 是（　　）.

　　A．奇函数　　　　　　　　　　　　B．偶函数

　　C．非奇非偶函数　　　　　　　　　D．既是奇函数又是偶函数

24. 根据图像判断，下列函数为奇函数的是（　　）.

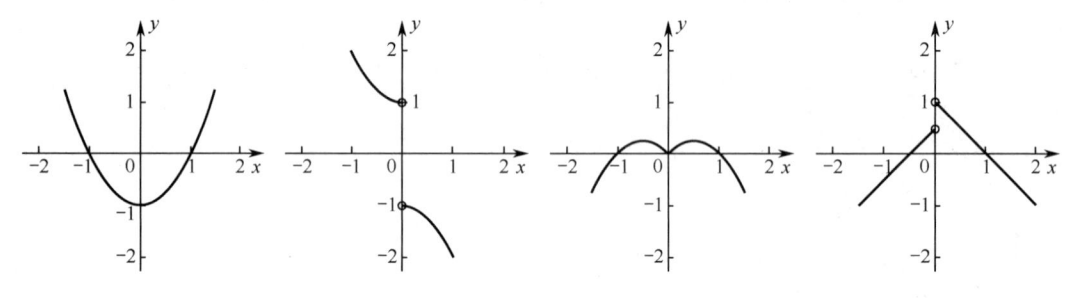

　　A.　　　　　　B.　　　　　　C.　　　　　　D.

25. 已知函数 $y=(2k-1)x+m$ 在 **R** 上是单调递减函数，则 k 的取值范围为（　　）.

　　A．$\left(\dfrac{1}{2},+\infty\right)$　　B．$\left(-\infty,\dfrac{1}{2}\right)$　　C．$\left[\dfrac{1}{2},+\infty\right)$　　D．$\left(-\infty,\dfrac{1}{2}\right]$

26. 二次函数 $y=ax^2+bx+c$，当 $y<0$ 时，x 的取值范围是 $(-2,3)$，则二次函数的解析式是（　　）.

　　A．$y=x^2-x-6$　　　　　　　　B．$y=x^2+x-5$

　　C．$y=-x^2+x+6$　　　　　　　　D．$y=-2x^2+3x$

27. 函数 $y=2x+3$（$1\leqslant x\leqslant 3$ 且 $x\in \mathbf{N}$）的图像是（　　）.

　　A．线段　　　　B．直线　　　　C．射线　　　　D．离散的点

28. 已知函数 $f(x)=2x^2-mx+3$ 在 $[2,+\infty)$ 上递增，在 $(-\infty,2]$ 上递减，则 $m=$（　　）.

  A．-2 B．-8 C．2 D．8

29. 已知二次函数 $y=a(x-1)^2+b$ 有最小值 -1，则 a 与 b 的大小关系是（　　）.

  A．$a<b$ B．$a>b$ C．$a=b$ D．不能确定

30. 设 $f(x)$ 是 **R** 上的偶函数，并且在 $[0,+\infty)$ 上单调递增，则 $f(-5)$、$f(-3)$、$f(4)$ 的大小关系是（　　）.

  A．$f(4)<f(-3)<f(-5)$ B．$f(-5)<f(4)<f(-3)$

  C．$f(-5)<f(-3)<f(4)$ D．$f(-3)<f(4)<f(-5)$

31. 下列函数在区间 $(0,+\infty)$ 上为增函数的是（　　）.

  A．$y=x^{-2}$ B．$y=\log_2 x$ C．$y=2^{-x}$ D．$y=\left(\dfrac{2}{3}\right)^x$

32. 已知函数 $f(x)=\begin{cases}\log_2 x,&x>0\\3^x,&x\leqslant 0\end{cases}$，则 $f\left[f\left(\dfrac{1}{4}\right)\right]$ 的值是（　　）.

  A．9 B．$\dfrac{1}{9}$ C．-9 D．$-\dfrac{1}{9}$

33. 函数 $f(x)=-x^2+x+1$ 的单调减区间是（　　）.

  A．$\left[\dfrac{1}{2},+\infty\right)$ B．$\left[-\dfrac{1}{2},+\infty\right)$ C．$\left(-\infty,\dfrac{1}{2}\right]$ D．$\left(-\infty,-\dfrac{1}{2}\right]$

34. 已知奇函数在区间 $[3,7]$ 上是增函数且最小值为 5，那么 $f(x)$ 在区间 $[-7,-3]$ 上是（　　）.

  A．增函数且最小值为 -5 B．增函数且最大值为 -5

  C．减函数且最小值为 -5 D．减函数且最大值为 -5

35. 若指数函数 $f(x)=(a-1)^x$ 在 **R** 上是减函数，则实数 a 的取值范围是（　　）.

  A．$a>1$ B．$1<a<2$ C．$a>1$ 且 $a\neq 2$ D．$a>0$

36. 函数 $y=\sin x$ 是（　　）.

  A．奇函数且周期是 π B．奇函数且周期是 2π

  C．偶函数且周期是 π D．偶函数且周期是 2π

37. 已知点 $A(2,b-1)$ 与 $B(a+1,-5)$ 关于 x 轴对称，则 $a+b=$（　　）.

  A．2 B．-5 C．7 D．-3

38. 函数 $f(x)=\begin{cases}-\dfrac{3}{x},&x<-1\\x^2-1,&-1\leqslant x<2\end{cases}$ 的定义域为（　　）.

  A．$(-\infty,-1)$ B．$[-1,2)$

  C．$(-\infty,2)$ D．$(-\infty,+\infty)$

39. 已知 $f(x)=\begin{cases}1,&x<0\\-1,&x\geqslant 0\end{cases}$，则 $[f(-2)+f(1)]^{2015}=$（　　）.

  A．1 B．-1 C．0 D．2015

40. 函数 $y=\begin{cases} x^2, & x<0 \\ x+1, & x\geq 0 \end{cases}$ 的图像是（   ）.

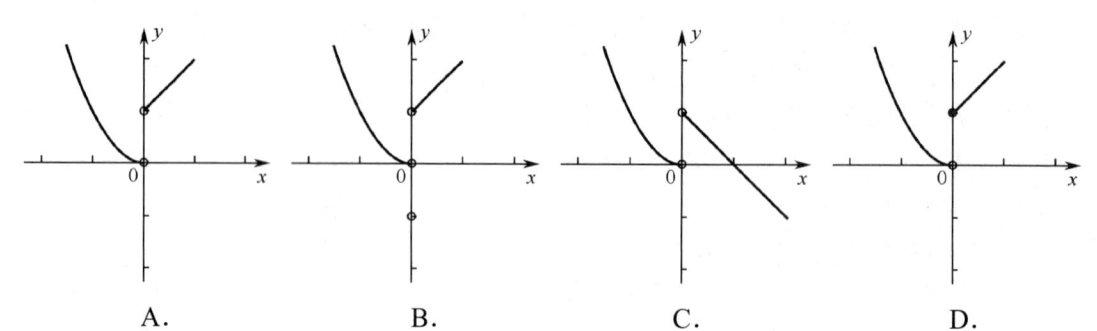

A.　　　　　　B.　　　　　　C.　　　　　　D.

41. 函数 $y=\sqrt{x+1}$ 是（   ）.

　　A．奇函数　　　　　　　　　　B．偶函数
　　C．非奇非偶函数　　　　　　　D．既是奇函数又是偶函数

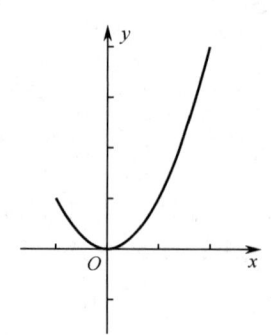

42. 下图所示的函数是（   ）.

　　A．奇函数　　　　　　　　　　B．偶函数
　　C．非奇非偶函数　　　　　　　D．既是奇函数又是偶函数

43. 下列各点中，在函数 $f(x)=x^2-7x+1$ 图像上的点是（   ）.

　　A．(1,0)　　　B．(1,3)　　　C．(1,-5)　　　D．(1,-7)

44. 若某函数图像经过点(1,1)和点(-1,-1)，则它的解析式不可能为（   ）.

　　A．$y=x$　　　B．$y=\dfrac{1}{x}$　　　C．$y=\sqrt{x}$　　　D．$y=x^3$

45. 函数 $y=3x,x\in[0,2]$ 的图像是（   ）.

　　A．一条直线　　B．一条线段　　C．一条射线　　D．两个点

46. 已知函数 $f(x)=1-x^3$，则 $f(-2)=$（   ）.

　　A．-7　　　B．7　　　C．-5　　　D．9

47. 下列函数中，定义域为 **R** 的是（   ）.

　　A．$y=\sqrt{x}$　　B．$y=\lg x$　　C．$y=x^2-2x-1$　　D．$y=\dfrac{1}{x^2}$

48. 函数 $y=\log_2 x$ 的单调递增区间是（   ）.

　　A．$(-\infty,+\infty)$　　B．$[0,+\infty)$　　C．$(0,+\infty)$　　D．不存在

49. 经过点 $(1,2)$ 和 $(0,-1)$ 的直线解析式是（　　）.

   A. $y = 3x$　　　B. $y = 3x - 1$　　　C. $y = \dfrac{3}{x}$　　　D. $y = 3x^2 - 1$

50. 函数 $f(x) = x^3$ 的图像（　　）.

   A. 关于原点对称　　　　　　　　B. 关于 x 轴对称

   C. 关于 y 轴对称　　　　　　　　D. 不具有对称性

二、填空题

1. 设函数 $y = kx + 1$，当 k ＿＿＿＿＿时，该函数为增函数.

2. 若函数 $y = f(x)$ 在区间 $(-2, 3)$ 上是增函数，则 $f(-1)$ ＿＿＿＿＿ $f(2)$（填 ">"、"<" 或 "="）.

3. 设函数 $f(x) = 2^x + \cos x$，则 $f(0) =$ ＿＿＿＿＿.

4. 已知 $f(x)$ 是奇函数，$f(-2) = 5$，则 $f(2) =$ ＿＿＿＿＿.

5. 函数 $f(x) = x^2 - 2x + 3$ 的单调递增区间是＿＿＿＿＿.

6. 二次函数 $y = -x^2 + 5$ 的单调递减区间是＿＿＿＿＿.

7. $y = f(x)$ 是偶函数，且当 $x > 0$ 时，$y = f(x)$ 是减函数，则 $f(-3)$ 与 $f(2.5)$ 中较大的是＿＿＿＿＿.

8. 设 $f(x) = x^2 + x$，则 $f(2) \cdot f\left(\dfrac{1}{2}\right) =$ ＿＿＿＿＿.

9. 已知 $f(x) = 3x^2 - (a+2)x + 8$ 是偶函数，则 $a =$ ＿＿＿＿＿.

10. 设 $f(2x) = x^2 + 4x - 3$，则 $f(2) =$ ＿＿＿＿＿.

11. 使 $2\cos x = a - 3$ 有意义的 a 的取值范围是＿＿＿＿＿.

12. 若 $f(x+1) = x^2 + 2x - 1$，则 $f(x) =$ ＿＿＿＿＿.

13. 函数 $y = \log_2(x^2 - 4x - 5)$ 的定义域为＿＿＿＿＿.

14. 设 $f(x) = \begin{cases} 3 - x^2, & x \leqslant 0 \\ 2x + 3, & x > 0 \end{cases}$，则 $f(-1) \cdot f(1) =$ ＿＿＿＿＿.

15. 函数 $y = \sqrt{3^x - 27}$ 的定义域是＿＿＿＿＿.

16. 函数 $y = \dfrac{1}{1 - \log_2 x}$ 的定义域是＿＿＿＿＿.

17. 在 $0 \leqslant x \leqslant 2\pi$ 范围内 $y = \sin x$ 和 $y = \cos x$ 都是增函数的区间是＿＿＿＿＿.

18. 已知 $f(x) = 2x + 3$，若 $f(m) = 6$，则 $m =$ ＿＿＿＿＿.

19. 若 $f(x) = 2x^2 - 5$，则 $f(2) =$ ＿＿＿＿＿.

20. 点 $P(2, 0)$ 关于 x 轴的对称点 P' 的坐标是＿＿＿＿＿.

21. 已知函数 $f(x) = \begin{cases} x^2, & x \leqslant -1 \\ x + 2, & -1 < x < 2 \\ 2x, & x \geqslant 2 \end{cases}$，则 $f(3) + f(-2) + f(1) =$ ＿＿＿＿＿.

22．函数 $y=x+\dfrac{1}{x}$ 的图像关于_____对称．

23．幂函数 $y=x^\alpha$ 在第一象限的图像都经过点_____．

24．函数 $y=\sqrt{|x|}$ 的定义域是_____．

25．函数 $y=\dfrac{1}{\sin x}+2$ 的定义域是_____．

26．已知函数 $f(x)=a^x$ 在 $[0,1]$ 上最大值、最小值的和为 3，则 $a=$_____．

27．对数函数 $y=\log_a x$（$a>0$ 且 $a\neq 1$）的图像经过的定点坐标为_____．

28．若幂函数 $f(x)=x^\alpha$ 的图像经过点 $\left(2,\dfrac{\sqrt{2}}{2}\right)$，则 $f(4)$ 的值为_____．

29．正方形的边长为 4，若当边长增加 x 时，面积增加 y，则 y 与 x 的解析式为_____．

30．已知函数 $f(x)=a^x+a^{-x}$（$a>0$ 且 $a\neq 1$）且 $f(2)=5$，则 $f(-2)=$_____．

三、解答题

1．求函数 $y=\sqrt{3^{2x-1}-\dfrac{1}{27}}$ 的定义域．

2．求函数 $y=\sqrt{x+1}-\dfrac{1}{x}$ 的定义域．

3．求函数 $y=\dfrac{\lg(2x-1)}{\sqrt{3-x}}$ 的定义域．

4. 求函数 $y = \dfrac{1}{x^2 - x}$ 的定义域.

5. 用定义法判断函数 $f(x) = 3x^2 + 1$ 的奇偶性.

6. 已知二次函数 $f(x)$ 的图像经过点 $A(0,2)$、$B(-1,1)$、$C(1,5)$. 求：
（1） $f(x)$ 的解析式；
（2） $f(x)$ 图像的顶点坐标和对称轴方程.

7. 已知函数 $f(x) = x^2 - 2x - 3$，$x \in [-1, 2]$，求该函数的值域.

8. 若 $f(x)$ 在 $[0, +\infty)$ 上是增函数且 $f(3-m) < f(m-1)$，求 m 的取值范围.

9. 用定义法证明 $f(x) = x^2 + 1$ 在 $(0, +\infty)$ 上是增函数.

10. 已知函数 $f(x)=\begin{cases}-1, & x\leqslant -1\\ x, & -1<x<1\\ 1, & x\geqslant 1\end{cases}$，画出该函数的图像.

11. 从西安向外埠投寄信函，每封信的质量为100g及以内的，每20g付邮资1.2元，不足20g按20g计算. 设当信的质量为 x g（$0<x\leqslant 100$）时，应付邮资 y 元，试写出 y 与 x 的函数解析式.

12. 某地为鼓励居民节约用水，对居民用水收费标准进行了改革：当月用水量不超过20 t时，按3元/t计费；当月用水量超过20 t时，其中的20 t按3元/t计费，超过的部分按5元/t计费. 设每户月用水量为 x t，应缴水费为 y 元，试写出 y 与 x 的函数解析式.

13. 某人计划在空地上用36 m长的篱笆围出一个矩形空地用来种花，怎样设计矩形的长和宽才能使花地的面积最大？

14. 心理学家发现，学生对概念的接受能力 y 与提出概念所用的时间 x（单位：min）之间满足函数关系 $y=-0.1x^2+2.6x+43$（$0<x\leqslant 30$），y 值越大表示接受能力越强. 求：

（1）x 在什么范围内，学生接受概念的能力逐步增强？

（2）第 10 min 时，学生的接受能力是多少？

（3）第几分钟时，学生的接受能力最强？

15. 某校准备购买一批计算机，市场调查的结果是在品牌相同的条件下，甲、乙两公司的报价都是每台 6000 元，甲公司的优惠条件是当购买 10 台以上时，从第 11 台开始按报价的七折计算；乙公司的优惠条件是均按八五折计算. 请分析学校选哪家公司购买计算机比较合算.

第四章

指数函数与对数函数

第一部分　考纲解读

一、知识内容

1. 指数，零指数，负整数指数，整数指数幂的运算法则，有理数指数幂的运算法则.
2. 指数函数，指数函数的图像和性质.
3. 对数，对数的运算性质，常用对数和自然对数.
4. 对数函数，对数函数的图像和性质.

二、具体要求

1. 掌握整数指数幂和有理数指数幂的运算.
2. 掌握指数函数的概念、图像和性质.
3. 掌握对数的概念和性质，了解自然对数，会用对数进行简单的四则计算.
4. 掌握对数函数的概念、图像和性质.
5. 了解指数函数和对数函数在实际问题中的应用.

第二部分　真题解析

【例1】（2015.9）关于函数 $f(x)=\log_{\frac{1}{2}}|x|$ 的图像和性质，下列说法不正确的是（　　）.

  A．$f(x)$ 的定义域是 $(0,+\infty)$　　　　B．$f(x)$ 是偶函数

  C．$f(x)$ 在 $(-\infty,0)$ 上是增函数　　　D．$f(x)$ 的值域是 $\mathbf{R}$

解析：要使函数 $f(x)=\log_{\frac{1}{2}}|x|$ 有意义必须有

$$|x|>0$$

解得 $x\neq 0$，所以函数 $f(x)=\log_{\frac{1}{2}}|x|$ 的定义域为 $(-\infty,0)\cup(0,+\infty)$.

故选 A.

变式训练 1（2016.11）设 $f(x)=(2a+1)^x$ 在 **R** 上为减函数，则实数 a 的取值范围是（　　）.

A. $\left(-\dfrac{1}{2},0\right]$ 　　B. $\left[-\dfrac{1}{2},0\right)$ 　　C. $\left[-\dfrac{1}{2},0\right]$ 　　D. $\left(-\dfrac{1}{2},0\right)$

变式训练 2（2016.15）函数 $f(x)=\log_2(x^2-2x-3)$ 的定义域为_____.

变式训练 3（2018.15）函数 $f(x)=\log_{(2a-1)}x$ 在定义域上单调递减，则实数 a 的取值范围是_____.

变式训练 4（2020.14）函数 $y=\ln(1-x)$ 的定义域为_____.

变式训练 5（2021.15）若 $f(x)=1-a^x$ 是增函数，则 a 的取值范围是_____.

变式训练 6（2022.4）假设函数 $f(x)=\log_{(2-a)}x$ 在其定义域上单调递减，则实数 a 的取值范围是（　　）.

A. $(-\infty,1)$ 　　B. $(1,2)$ 　　C. $[1,2)$ 　　D. $(1,2]$

【例 2】（2017.11）已知 $x=2^{0.2}$，$y=\log_{0.5}2$，$z=(0.5)^2$，则（　　）.

A. $|x|>|y|$ 　　B. $2^x>2^y$ 　　C. $z<y<x$ 　　D. $y<z<x$

解析：因为 $2^{0.2}>2^0=1$，$\log_{0.5}2<\log_{0.5}1=0$，$0<(0.5)^2<1$，所以 $y<z<x$. 故选 D.

变式训练 7（2016.10）已知 $a=\log_3 2$，$b=\ln 2$，$c=\log_2 3$，则 a、b、c 的大小关系为（　　）.

A. $a<b<c$ 　　B. $b<a<c$ 　　C. $a<c<b$ 　　D. $c<a<b$

变式训练 8（2015.11）设 $a=\log_5 3$，$b=\log_3 5$，$c=0.5^3$，则 a、b、c 的大小关系为（　　）.

A. $a>b>c$ 　　B. $b>a>c$ 　　C. $c>a>b$ 　　D. $c>b>a$

变式训练 9（2018.16）已知 $a=\left(\dfrac{3}{5}\right)^{\frac{2}{5}}$，$b=\left(\dfrac{2}{5}\right)^{\frac{3}{5}}$，$c=\left(\dfrac{2}{5}\right)^{\frac{2}{5}}$，则 a、b、c 的大小关系为_____.

变式训练 10（2019.11）若 $x\in(0,1)$，则下列结论正确的是（　　）.

A. $2^x>x^{\frac{1}{2}}>\log_2 x$ 　　　　B. $2^x>\log_2 x>x^{\frac{1}{2}}$

C. $x^{\frac{1}{2}}>2^x>\log_2 x$ 　　　　D. $\log_2 x>x^{\frac{1}{2}}>2^x$

变式训练 11（2020.11）设 $a=\log_2\dfrac{1}{3}$，$b=\log_3\dfrac{1}{2}$，$c=3^{0.2}$，则 a、b、c 的大小关系为（　　）.

A. $a>b>c$ 　　B. $b>a>c$ 　　C. $c>a>b$ 　　D. $c>b>a$

变式训练 12（2021.11）若 $a=\log_{\sqrt{2}}\sqrt{3}$，$b=\log_{\sqrt{3}}\sqrt{2}$，$c=\log_{0.3}\sqrt{2}$，则 a、b、c 的大小关系为（　　）.

A. $a<b<c$ B. $c<a<b$ C. $b<c<a$ D. $c<b<a$

变式训练 13（2022.11）设 $x\in(0,1)$，则下列结论正确的是（　　）.

A. $e^x > x^{\frac{1}{3}} > \ln x$ B. $x^{\frac{1}{3}} > e^x > \ln x$ C. $\ln x > e^x > x^{\frac{1}{3}}$ D. $e^x > \ln x > x^{\frac{1}{3}}$

【例3】（2018.11）$\log_{16} 27 \times \log_9 8 = $（　　）.

A. $\dfrac{1}{2}$ B. $\dfrac{8}{9}$ C. $\dfrac{9}{8}$ D. 2

解析：
$$\log_{16} 27 \times \log_9 8 = \frac{\lg 27}{\lg 16} \times \frac{\lg 8}{\lg 9}$$
$$= \frac{\lg 3^3}{\lg 2^4} \times \frac{\lg 2^3}{\lg 3^2}$$
$$= \frac{3\lg 3}{4\lg 2} \times \frac{3\lg 2}{2\lg 3}$$
$$= \frac{9}{8}$$

故选 C.

变式训练 14（2019.15）若 $\log_a 9 = 2$，则 $2^{-a} = $ ＿＿＿＿＿＿．

【例4】（2019.9）张先生计划贷款购买一辆汽车，贷款25万元，贷款期限为3年，年利率为5.76%，按复利计算利息，则三年后一次性应还款数（万元）的算式是（　　）．

A. $25\times(1+5.76\%)^2$　　　　　　B. $25\times(1+5.76\%)^3$

C. $25\times(1+2\times 5.76\%)$　　　　D. $25\times(1+3\times 5.76\%)$

解析： 第一年为 $25+25\times 5.76\% = 25\times(1+5.76\%)$；

第二年为 $25\times(1+5.76\%)\times(1+5.76\%) = 25\times(1+5.76\%)^2$；

第三年为 $25\times(1+5.76\%)^2\times(1+5.76\%) = 25\times(1+5.76\%)^3$.

故选 B.

总结： 复利（增长率）公式为 $y = a(1+x\%)^n$.

变式训练参考答案：

变式训练 1. D

变式训练 2. $(-\infty,-1)\cup(3,+\infty)$

变式训练 3. $\left(\dfrac{1}{2}, 1\right)$

变式训练 4. $\{x\mid x<1\}$

变式训练 5. $(0,1)$

变式训练 6. B

变式训练 7. A

变式训练 8. B

变式训练 9. $a>c>b$

变式训练 10. A

变式训练 11. D

变式训练 12. D

变式训练 13. A

变式训练 14. $\dfrac{1}{8}$

第三部分　强化训练

一、选择题

1. 下列根式中，无意义的是（　　）.
   A. $\sqrt[3]{2}$ 　　　　B. $\sqrt{0}$ 　　　　C. $\sqrt[4]{-1}$ 　　　　D. $\sqrt[3]{-5}$

2. 函数 $y=x^3$ 的图像（　　）.
   A. 关于 x 轴对称　　　　　　　　B. 关于 y 轴对称
   C. 关于原点对称　　　　　　　　D. 不具有对称性

3. 下列函数为指数函数的是（　　）.
   A. $y=x$ 　　　　B. $y=x^{-2}$ 　　　　C. $y=\pi^x$ 　　　　D. $y=-3^x$

4. 下列函数中，在 $(-\infty,+\infty)$ 上为减函数的是（　　）.
   A. $y=(\sqrt{2})^x$ 　　　B. $y=4^x$ 　　　C. $y=3^{-x}$ 　　　D. $y=10^x$

5. 某城市现有人口 100 万，根据最近 20 年的统计资料显示，该城市的人口自然增长率为 1.2%，按此增长率计算，10 年后该城市的人口预计有（　　）万.
   A. $y=100\times 0.012^{10}$ 　　　　　　B. $y=100\times(1+1.2\%)^{10}$
   C. $y=100\times(1-1.2\%)^{10}$ 　　　　D. $y=100\times 1.2^{10}$

6. 下列 4 个指数式：① $(-2)^5=-32$；② $1^7=1$；③ $3^{-\frac{1}{2}}=\dfrac{\sqrt{3}}{3}$；④ $m^b=N$，可以写成对数式的个数为（　　）.
   A. 0 　　　　B. 1 　　　　C. 2 　　　　D. 3

7. 已知 $\lg x=-2$，则 $x=$（　　）.
   A. -2 　　　　B. $(-2)^{10}$ 　　　　C. 100 　　　　D. $\dfrac{1}{100}$

8. 已知 $\ln x=2-\ln 3$，则 $x=$（　　）.
   A. 6 　　　　B. $\dfrac{2}{3}$ 　　　　C. $3e^2$ 　　　　D. $\dfrac{e^2}{3}$

9. 若函数 $y=\log_a x$ 的图像经过点 $\left(\dfrac{1}{8},3\right)$，则 $a=$（　　）.
   A. 2 　　　　B. -2 　　　　C. $\dfrac{1}{2}$ 　　　　D. $-\dfrac{1}{2}$

10. 下列函数中，在区间 $(0,+\infty)$ 上为增函数的是（　　）．

    A．$y=\left(\dfrac{1}{2}\right)^x$ B．$y=\log_2 x$ C．$y=\log_{\frac{1}{2}} x$ D．$y=x^{-1}$

11. 下列函数为偶函数的是（　　）．

    A．$y=x^{\frac{1}{2}}$ B．$y=x^{-2}$ C．$y=5^x$ D．$y=\log_3 x$

12. 若 $a>1$，则在同一坐标系中函数 $y=a^{-x}$ 和 $y=\log_a x$ 的图像可能是（　　）．

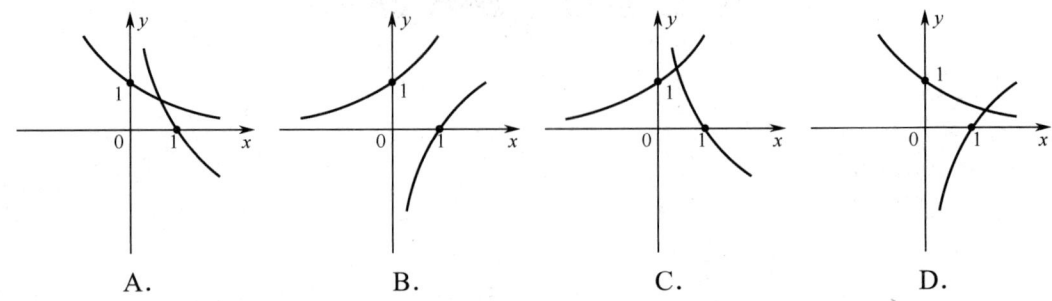

    A．   B．   C．   D．

13. $\log_{27} 4 \times \log_8 9 =$（　　）．

    A．$\dfrac{4}{3}$ B．1 C．$\dfrac{2}{3}$ D．$\dfrac{4}{9}$

14. 下列等式：① $\lg a + \lg b = \lg(ab)$；② $\lg(a+b) = \lg a + \lg b$；③ $\lg(a-b) = \lg a - \lg b$；④ $\dfrac{\lg a}{3} = \lg a^{\frac{1}{3}}$；⑤ $\sqrt[3]{\lg a} = \dfrac{1}{3}\lg a$；⑥ $\lg a - \lg b = \lg \dfrac{a}{b}$，成立的有（　　）．

    A．1 个   B．2 个   C．3 个   D．4 个

15. 设 $\log_3 4 \times \log_4 3 \times \log_4 16 = \log_4 m$，则 m 的值是（　　）．

    A．$\dfrac{9}{2}$ B．9 C．16 D．27

16. $2^{1+\frac{1}{2}\log_2 5} =$（　　）．

    A．$2+\sqrt{5}$ B．$2\sqrt{5}$ C．$2+\dfrac{\sqrt{5}}{2}$ D．$1+\dfrac{\sqrt{5}}{2}$

17. 设 $a=\log_{\frac{1}{2}} 0.2$，$b=\log_2 0.5$，$c=\log_2 0.2$，则 a、b、c 的大小关系是（　　）．

    A．$a>c>b$ B．$c>a>b$ C．$a>b>c$ D．$c>b>a$

18. 不等式 $\log_3(2x-1)>2$ 的解集是（　　）．

    A．$(5,+\infty)$ B．$(6,+\infty)$ C．$(2,+\infty)$ D．$(7,+\infty)$

19. 函数 $f(x)=\lg\dfrac{1-x}{1+x}$ 是（　　）．

    A．奇函数   B．偶函数

    C．既是奇函数又是偶函数   D．非奇非偶函数

20. $[(\sqrt[3]{-7})^2]^{\frac{3}{4}} =$（　　）．

    A．7 B．-7 C．$\sqrt{7}$ D．$-\sqrt{7}$

21. 已知 $-1 < a < 0$，则下列 4 个不等式中，正确的是（　　）.

   A. $2^a > \left(\dfrac{1}{2}\right)^a > (0.2)^a$　　　　B. $(0.2)^a > \left(\dfrac{1}{2}\right)^a > 2^a$

   C. $\left(\dfrac{1}{2}\right)^a > (0.2)^a > 2^a$　　　　D. $2^a > (0.2)^a > \left(\dfrac{1}{2}\right)^a$

22. 下列函数中，既是奇函数又是减函数的是（　　）.

   A. $y = \left(\dfrac{1}{2}\right)^x$　　B. $y = \log_{\frac{1}{2}} x$　　C. $y = 1 - 2x^2$　　D. $y = -2x$

23. 不等式 $4^{x^2} < 2^{3x}$ 的解集是（　　）.

   A. $\left\{x \mid 0 < x < \dfrac{3}{2}\right\}$　B. $\{x \mid 0 < x < 3\}$　C. $\left\{x \mid 1 < x < \dfrac{3}{2}\right\}$　D. $\left\{x \mid \dfrac{3}{2} < x < 3\right\}$

24. 函数 $f(x) = \sqrt{\log_{\frac{1}{2}}(x-1)}$ 的定义域是（　　）.

   A. $(1, +\infty)$　　B. $(2, +\infty)$　　C. $(-\infty, 2)$　　D. $(1, 2]$

25. 已知 $f(x) = \log_{0.2} x^2$，$g(x) = \log_{0.2}(x+6)$，则使 $f(x) < g(x)$ 成立的 x 的取值范围是（　　）.

   A. $-2 < x < 3$ 且 $x \neq 0$　　　　B. $-6 < x < -2$ 或 $x > 3$

   C. $x < -2$ 或 $x > 3$　　　　　　D. $-6 < x < -3$

26. 若 $0 < \log_a 3 < 1$，则 a 的取值范围是（　　）.

   A. $0 < a < \dfrac{1}{3}$　　B. $\dfrac{1}{3} \leqslant a < 1$　　C. $1 < a < 3$　　D. $a > 3$

27. 函数 $y = \dfrac{2^x - 1}{2^x + 1}$ 是（　　）.

   A. 奇函数　　　　　　　　　　B. 偶函数
   C. 既是奇函数又是偶函数　　　　D. 非奇非偶函数

28. $\dfrac{\log_2 9}{\log_2 3} =$（　　）.

   A. 3　　　　B. $\log_2 3$　　　　C. 2　　　　D. $\log_2 6$

29. 若 $a = \log_2 \dfrac{1}{3}$，$b = \left(\dfrac{1}{3}\right)^2$，$c = 2^{\frac{1}{3}}$，$d = \log_{\frac{1}{3}} 2$，则 a、b、c、d 的大小关系为（　　）.

   A. $a < b < c < d$　B. $a < d < b < c$　C. $d < a < b < c$　D. $b < a < d < c$

30. 已知 $a = \dfrac{1}{\log_4 3} + \dfrac{1}{\log_7 3}$，则 a 的取值范围是（　　）.

   A. $1 < a < 2$　　B. $2 < a < 3$　　C. $3 < a < 4$　　D. $4 < a < 5$

31. 函数 $f(x) = \log_{(2x-1)} \sqrt{3x-2}$ 的定义域是（　　）.

   A. $\left(\dfrac{2}{3}, 1\right) \cup (1, +\infty)$　　　　B. $\left(\dfrac{1}{2}, 1\right) \cup (1, +\infty)$

C. $\left(\dfrac{2}{3},+\infty\right)$ D. $\left(\dfrac{1}{2},+\infty\right)$

32. 设 $x=0.8^{-0.1}$，$y=0.8^{-0.2}$，$z=\log_3 0.8$，则 x、y、z 的大小关系是（　　）

A. $x<y<z$　　B. $z<x<y$　　C. $x<z<y$　　D. $y<x<z$

33. 若对数函数 $y=\log_{(2a-4)}x$ 在其定义域上是增函数，指数函数 $y=(a-2)^x$ 在其定义域上是减函数，则 a 的取值范围是（　　）．

A. $(2,3)$　　B. $\left(\dfrac{5}{2},+\infty\right)$　　C. $\left(2,\dfrac{5}{2}\right)$　　D. $\left(\dfrac{5}{2},3\right)$

34. 若函数 $f(x)=\log_{(a^2-1)}x$ 在 $(0,+\infty)$ 上是减函数，则 a 的取值范围是（　　）．

A. $|a|>1$　　B. $|a|<\sqrt{2}$　　C. $|a|>\sqrt{2}$　　D. $1<|a|<\sqrt{2}$

35. 下列函数中，定义域为 $(-\infty,+\infty)$ 的是（　　）．

A. $y=\dfrac{1}{4^{x-1}}$　　B. $y=\sqrt{3^x-1}$　　C. $y=\lg(x-1)$　　D. $y=\lg(x^2-1)$

36. 若函数 $f(x)=\log_{\frac{1}{3}}x$，则 $f\left(\dfrac{5}{6}\right)$、$f\left(\dfrac{4}{5}\right)$、$f(5)$ 的大小关系是（　　）．

A. $f(5)>f\left(\dfrac{5}{6}\right)>f\left(\dfrac{4}{5}\right)$　　B. $f(5)>f\left(\dfrac{4}{5}\right)>f\left(\dfrac{5}{6}\right)$

C. $f\left(\dfrac{4}{5}\right)>f(5)>f\left(\dfrac{5}{6}\right)$　　D. $f\left(\dfrac{4}{5}\right)>f\left(\dfrac{5}{6}\right)>f(5)$

37. 若 $\log_a 5>\log_b 5>0$，则（　　）．

A. $0<a<b<1$　　B. $1<a<b$　　C. $0<b<a<1$　　D. $1<b<a$

38. 若 $\log_7[\log_3(\log_2 x)]=0$，则 $x^{-\frac{1}{2}}$ 的值为（　　）．

A. $\dfrac{1}{3}$　　B. $\dfrac{1}{2\sqrt{2}}$　　C. $\dfrac{1}{2\sqrt{3}}$　　D. $2\sqrt{2}$

39. 若 $a\in(0,1)$，则下列不等式中，正确的是（　　）．

A. $a^{0.8}>a^{0.7}$　　B. $a^{0.8}<a^{0.7}$　　C. $a^2<a^3$　　D. $a^0>1$

40. 函数 $f(x)=3^{x+1}+5$ 的值域是（　　）．

A. $(0,+\infty)$　　B. $(5,+\infty)$　　C. $(6,+\infty)$　　D. $(-\infty,+\infty)$

41. 当 $a>1$ 时，函数 $y=\log_a x$ 和 $y=(1-a)x$ 的图像可能是（　　）．

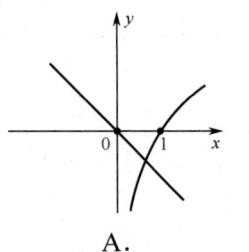

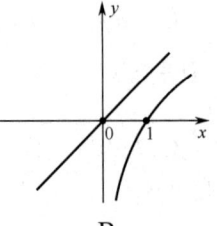

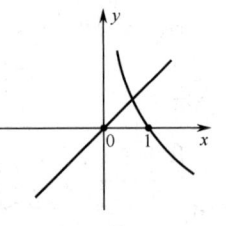

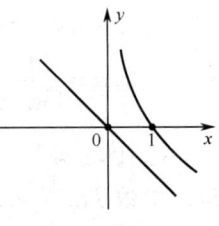

A.　　B.　　C.　　D.

42. 若 $\log_a \frac{2}{3} < 1$，则 a 的取值范围是（　　）.

   A. $0 < a < \frac{2}{3}$　　B. $a > \frac{2}{3}$　　C. $\frac{2}{3} < a < 1$　　D. $0 < a < \frac{2}{3}$ 或 $a > 1$

43. 设 a、b、c、x 为不等于 1 的正数，若 $\log_a x = 2$，$\log_b x = 3$，$\log_c x = 6$，则 $\log_{abc} x$ 的值是（　　）.

   A. 1　　B. 3　　C. 4　　D. $\frac{1}{2}$

44. 如果 $0 < x < 1$，那么 2^x、$\left(\frac{1}{2}\right)^x$、$\log_2 x$ 的大小关系是（　　）.

   A. $2^x > \left(\frac{1}{2}\right)^x > \log_2 x$　　B. $\log_2 x > \left(\frac{1}{2}\right)^x > 2^x$

   C. $\left(\frac{1}{2}\right)^x > 2^x > \log_2 x$　　D. $\left(\frac{1}{2}\right)^x > \log_2 x > 2^x$

45. 函数 $y = a^{x-2} + 1$（$a > 0$ 且 $a \neq 1$）的图像必经过点（　　）.

   A. $(0,1)$　　B. $(1,1)$　　C. $(2,0)$　　D. $(2,2)$

46. 函数 $y = \log_3(6x - 3x^2 - 2)$ 的定义域是（　　）.

   A. $\left[1 - \frac{\sqrt{3}}{3}, 1 + \frac{\sqrt{3}}{3}\right]$　　B. $\left(1 - \frac{\sqrt{3}}{3}, 1 + \frac{\sqrt{3}}{3}\right)$

   C. $\left(-\infty, 1 - \frac{\sqrt{3}}{3}\right] \cup \left[1 + \frac{\sqrt{3}}{3}, +\infty\right)$　　D. $\left(-\infty, 1 - \frac{\sqrt{3}}{3}\right) \cup \left(1 + \frac{\sqrt{3}}{3}, +\infty\right)$

47. 函数 $f(x) = \left(\frac{1}{2}\right)^x + 2$ 的值域为（　　）.

   A. $(1,2]$　　B. $(1,+\infty)$　　C. $(2,+\infty)$　　D. $(-\infty,+\infty)$

48. 若 $a > 2$，则函数 $y = a^x$ 和 $y = (a-1)x^2$ 的图像只能是（　　）.

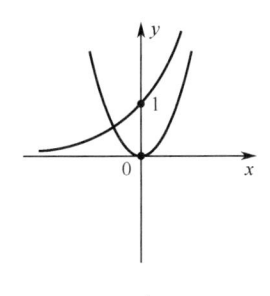

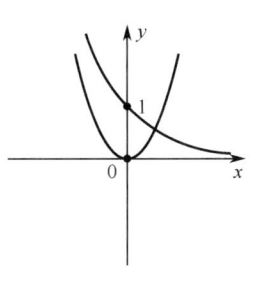

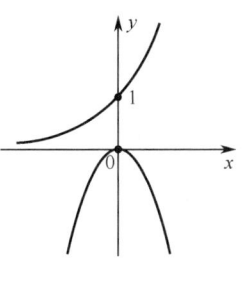

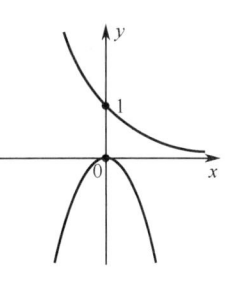

   A.　　B.　　C.　　D.

49. 下列关系式中，正确的是（　　）.

   A. $\sin 1 < \log_3 4 < 3^2$　　B. $\sin 0 < \log_3 4 < \left(\frac{3}{4}\right)^3$

   C. $\cos \pi < \log_4 5 < (0.4)^0$　　D. $\tan \frac{\pi}{4} < \left(\frac{1}{2}\right)^2 < \log_3 4$

50. $\log_a x = \log_a y$ 是 $x = y$ 成立的（　　）．

　　A．充分条件　　　　　　　　　　B．必要条件

　　C．充要条件　　　　　　　　　　D．既不充分也不必要条件

二、填空题

1. $[(-\sqrt{3})^2]^{-\frac{1}{2}} \times 3^{\frac{1}{2}} = $ ＿＿＿＿＿．

2. 设 $a > 0$，则 $a^{\frac{1}{3}} a^{\frac{5}{6}} a^{\frac{1}{2}} = $ ＿＿＿＿＿（用根式表示）．

3. 化简：$(a^3 b)^{-1} \cdot (ab^2)^{\frac{3}{2}} \div (ab)^{-\frac{1}{2}} = $ ＿＿＿＿＿．

4. $81^{\frac{3}{4}} \times 3^{-3} + 0.25^{-\frac{1}{2}} \times 0.0012^0 = $ ＿＿＿＿＿．

5. 已知 $\lg x = -2$，则 $x = $ ＿＿＿＿＿．

6. $\log_{30} 1 + \log_7 49 - 2\log_3 3 = $ ＿＿＿＿＿．

7. $(\lg 5)^2 + \lg 2 \times \lg 25 + (\lg 2)^2 = $ ＿＿＿＿＿．

8. 已知幂函数的图像经过点 $\left(8, \dfrac{1}{4}\right)$，则 $f(27) = $ ＿＿＿＿＿．

9. 函数 $y = x^{-4}$ 的定义域是＿＿＿＿＿，该函数是＿＿＿＿＿（奇、偶）函数．

10. 若指数函数 $f(x)$ 的图像经过点 $\left(\dfrac{3}{2}, 27\right)$，则该函数的解析式为＿＿＿＿＿．

11. 函数 $f(x) = \dfrac{2}{\sqrt{2^x - 1}}$ 的定义域为＿＿＿＿＿．

12. 一种放射性物质不断变化成其他物质，每过一年剩余量约为原来的 84%，现有 100g 这种物质，11 年后还剩＿＿＿＿＿g（用代数式表示）．

13. 已知 $f(x) = \log_8 x + x^{\frac{1}{3}}$，则 $f(64) = $ ＿＿＿＿＿．

14. 函数 $f(x) = \log_3(2x^2 + 3x + 1)$ 的定义域为＿＿＿＿＿．

15. 函数 $f(x) = \log_a(2x - 3)$ 的图像必经过点＿＿＿＿＿．

16. 已知 $x = \log_2 3$，则 $2^{3x} = $ ＿＿＿＿＿．

17. 若 $\lg a = 7.4632$，$\lg b = 5.4632$，则 $\dfrac{b}{a} = $ ＿＿＿＿＿．

18. 设 $\log_3 7 = a$，$\log_2 3 = b$，则 $\log_2 7 = $ ＿＿＿＿＿．

19. 不等式 $1 + \log_{\frac{1}{2}} x > 0$ 的解集是＿＿＿＿＿．

20. 函数 $y = 2 + \log_2 x$（$x \geq 1$）的值域是＿＿＿＿＿．

21. 已知函数 $f(x) = a - \dfrac{1}{2^x + 1}$ 是奇函数，则 $a = $ ＿＿＿＿＿．

22. 若函数 $f(x) = a^x$（$a > 0$ 且 $a \neq 1$）在区间 $[0,1]$ 上的最大值与最小值之和为 6，则 a 的值为＿＿＿＿＿．

23. 若函数 $f(x)=a^x$（$a>0$ 且 $a\neq 1$）在区间 $[1,2]$ 上的最大值比最小值大 $\dfrac{a}{2}$，则 a 的值为_____.

24. 已知 $\lg a$ 和 $\lg b$（$a>0$，$b>0$）是方程 $x^2-2x-4=0$ 的两个不相等实数根，则 ab =_____.

25. 方程 $2^{2x}-2\times 2^x-8=0$ 的解为_____.

26. 已知函数 $y=f(x)$ 的图像与函数 $y=2^x$ 的图像关于直线 $y=x$ 对称，则 $f(x)=$ _____.

27. $\left(\dfrac{8}{27}\right)^{-\frac{1}{3}}+\log_2\dfrac{1}{16}-(\sqrt{2}-1)^0+\sin\left(-\dfrac{3\pi}{2}\right)=$ _____.

28. 函数 $y=\log_2\dfrac{1-x}{1+x}$ 的定义域是_____.

29. 方程 $\log_{(x-1)}(x^2-5x+10)=2$ 的解为_____.

30. 某工厂每年的总产值以 10% 的速度增长，如果 2012 年全年总产值为 100 万元，那么 2015 年该厂全年总产值为_____万元.

三、解答题

1. 化简.

（1）$(0.027)^{-\frac{1}{3}}-\left(\dfrac{1}{7}\right)^{-2}+\left(\dfrac{25}{9}\right)^{\frac{1}{2}}-(\sqrt{2}-1)^0$；

（2）$\left(\dfrac{5}{6}a^{\frac{1}{3}}b^{-2}\right)\times\left(-3a^{-\frac{1}{2}}b^{-1}\right)\div\left(4a^{\frac{2}{3}}b^{-3}\right)^{\frac{1}{2}}\times\sqrt{ab}$.

2．计算．

（1） $\log_{(2+\sqrt{3})}(2-\sqrt{3})$；

（2） $\dfrac{\lg 2 + \lg 5 - \lg 8}{\lg 50 - \lg 40}$．

3．解方程．

（1） $3^{x+1} + 9^x - 18 = 0$；　　　　　　（2） $\lg(x^2 - 3) = \lg(3x + 1)$．

4．解不等式．

（1） $2^{x^2 - 2} > 2^{2x - 3}$；　　　　　　（2） $\lg(x^2 + 8x + 12) > \lg(x^2 + 11x + 28)$．

5．求下列函数的定义域．

（1）$y = \sqrt{\dfrac{1}{3} - 3^x}$；

（2）$y = \dfrac{1}{\log_{0.3}(2x-1)}$．

6．已知 $a + a^{-1} = 5$，求：

（1）$a^2 + a^{-2}$；

（2）$a^{\frac{1}{2}} + a^{-\frac{1}{2}}$．

7．已知对数函数 $f(x)$ 满足 $f(\sqrt{5}+1) + f(\sqrt{5}-1) = \dfrac{1}{2}$，求 $f(\sqrt{2})$ 的值．

8．设 $\log_a 2$、$\log_b 2$ 是方程 $x^2 - 3x + 1 = 0$ 的两个根，求 a、b 的值．

9.（1）已知 $\log_{14} 7 = a$，$14^b = 5$，试用 a、b 表示 $\log_{14} 35$；

（2）已知 $\log_a 2 = m$，$\log_a 3 = n$，求 a^{2m+n} 的值.

10. 已知函数 $f(x) = \lg(ax^2 + 2x + 1)$ 的定义域为 **R**，求实数 a 的取值范围.

11. 已知 $f(x) = \lg \dfrac{2-x}{2+x}$，证明：$f(x)$ 是奇函数.

12. 证明：$f(x) = \dfrac{2}{x-1}$ 在区间 $(1, +\infty)$ 上是减函数.

13. 设函数 $f(x) = \left(\dfrac{1}{3}\right)^{x^2-3x+1}$，$g(x) = 3^{5-2x}$，求使 $f(x) > g(x)$ 成立的 x 的取值范围．

14. 已知 4^x、$5 \times 2^{x-2}$、1 构成等差数列，求 x 的值．

15. 已知函数 $f(x) = \log_a(x+1)$，$g(x) = \log_a(1-x)$（其中 $a > 0$ 且 $a \neq 1$）．

（1）求函数 $f(x) + g(x)$ 的定义域；

（2）判断函数 $f(x) - g(x)$ 的奇偶性，并予以证明；

（3）求使 $f(x) + g(x) < 0$ 成立的 x 的集合．

第五章

三角函数

第一部分　考纲解读

一、知识内容

1. 角的概念，弧度制.
2. 任意角的三角函数，同角三角函数的基本关系式，诱导公式.
3. 正弦函数、余弦函数和正切函数的图像和性质.
4. 已知三角函数的值，在区间 $[-\pi,\pi]$ 上求其对应的角.
5. 三角函数的应用.

二、具体要求

1. 理解弧度的意义，掌握弧度与角度的互换方法.
2. 理解任意角的三角函数的定义，掌握同角三角函数之间的基本关系式：
$$\sin^2\alpha + \cos^2\alpha = 1, \quad \tan\alpha = \frac{\sin\alpha}{\cos\alpha}$$
3. 掌握 $\left(\dfrac{\pi}{2}\pm\alpha\right)$、$(\pi\pm\alpha)$ 的正弦函数、余弦函数和正切函数诱导公式，会求任意角的正弦函数、余弦函数和正切函数.
4. 会用"五点法"画出正弦函数、余弦函数和正切函数的简图，能利用图像研究三角函数的性质；掌握正弦函数的图像和性质，了解余弦函数和正切函数的性质；了解周期函数与最小正周期的意义，理解三角函数的周期性.
5. 已知三角函数的值，能在指定范围内求其对应的角.

第二部分　真题解析

【例1】（2016.5）函数 $y=2\cos x-1$ 的最小值、最大值分别为（　　）.

A．-2、2　　　　B．-3、1　　　　C．-1、1　　　　D．1、2

解析：当 $\cos x = 1$ 时，$y_{\max} = 2 \times 1 - 1 = 1$.

当 $\cos x = -1$ 时，$y_{\min} = 2 \times (-1) - 1 = -3$.

故选 B.

变式训练 1（2015.8）函数 $y = \cos x$ 在 $\left[\dfrac{6\pi}{7}, \dfrac{5\pi}{3}\right]$ 上的最大值是（　　）.

A．1　　　B．$\dfrac{1}{2}$　　　C．0　　　D．$-\dfrac{1}{2}$

变式训练 2（2017.4）$y = 2 - \sin x$ 的最大值 M 和最小值 m 分别是（　　）.

A．$M=1$，$m=1$　　B．$M=3$，$m=1$

C．$M=3$，$m=-1$　　D．$M=1$，$m=-3$

【例 2】（2015.13）$\sin 600° = $ ＿＿＿＿＿．

解析：$\sin 600° = \sin(360° + 240°)$
$= \sin 240°$
$= \sin(180° + 60°)$
$= -\sin 60°$
$= -\dfrac{\sqrt{3}}{2}$

变式训练 3（2017.13）$\tan \dfrac{4\pi}{3} = $ ＿＿＿＿＿．

变式训练 4（2018.3）$\sin 840° = $（　　）.

A．$\dfrac{\sqrt{3}}{2}$　　　B．$\dfrac{1}{2}$　　　C．$-\dfrac{1}{2}$　　　D．$-\dfrac{\sqrt{3}}{2}$

变式训练 5（2019.13）$\sin 315° = $ ＿＿＿＿＿．

变式训练 6（2020.14）$\tan(-420°) = $ ＿＿＿＿＿．

变式训练 7（2021.13）$\tan 225° = $ ＿＿＿＿＿．

变式训练 8（2022.13）$\cos\left(-\dfrac{9\pi}{4}\right) = $ ＿＿＿＿＿．

【例 3】（2016.13）已知 $\sin x = \dfrac{\sqrt{3}}{2}$ 且 $x \in [0, 2\pi]$，则 $x = $ ＿＿＿＿＿．

解析：若 $\sin x = \dfrac{\sqrt{3}}{2}$ 且 $x \in [0, 2\pi]$，则由正弦函数图像得

$$x = \dfrac{\pi}{3} \text{ 或 } \dfrac{2\pi}{3}$$

变式训练 9（2018.14）已知 $\cos x = -\dfrac{\sqrt{3}}{2}$，$x \in [0, \pi]$，则 $x = $ ＿＿＿＿＿．

【例 4】（2018.18）已知 $\sin \alpha - \cos \alpha = -\dfrac{1}{5}$，且 α 为第三象限的角．

（1）求 $\sin \alpha$ 及 $\cos \alpha$ 的值；

（2）求 $3\tan(\alpha - 2\pi) + \tan(\pi - \alpha)$ 的值．

解析：（1）将已知条件 $\sin\alpha - \cos\alpha = -\dfrac{1}{5}$ 和平方关系 $\sin^2\alpha + \cos^2\alpha = 1$ 联立方程，得

$$\begin{cases} \sin^2\alpha + \cos^2\alpha = 1 \\ \sin\alpha - \cos\alpha = -\dfrac{1}{5} \end{cases}$$

由 $\sin\alpha - \cos\alpha = -\dfrac{1}{5}$ 得 $\sin\alpha = \cos\alpha - \dfrac{1}{5}$，代入平方关系得

$$\left(\cos\alpha - \dfrac{1}{5}\right)^2 + \cos^2\alpha = 1$$

解得 $\cos\alpha = -\dfrac{3}{5}$ 或 $\cos\alpha = \dfrac{4}{5}$．

因为 α 为第三象限的角，所以

$$\cos\alpha = -\dfrac{3}{5}, \quad \sin\alpha = -\dfrac{4}{5}$$

（2）由 $\tan\alpha = \dfrac{\sin\alpha}{\cos\alpha}$ 得 $\tan\alpha = \dfrac{4}{3}$．

$$3\tan(\alpha - 2\pi) + \tan(\pi - \alpha)$$
$$= 3\tan\alpha - \tan\alpha$$
$$= 3 \times \dfrac{4}{3} - \dfrac{4}{3}$$
$$= \dfrac{8}{3}$$

变式训练 10（2015.18）已知 $\tan\alpha = 2$．

（1）求 $\dfrac{3\sin(\pi - \alpha) + \cos\left(\dfrac{\pi}{2} - \alpha\right)}{\cos\alpha + \sin\left(\dfrac{\pi}{2} + \alpha\right)}$ 的值；

（2）若 α 为第三象限的角，求 $\sin\alpha$ 及 $\cos\alpha$ 的值．

变式训练 11（2016.17）已知 $\cos\alpha = -\dfrac{4}{5}$ 且 α 为第三象限的角，求 $\sin(\pi + \alpha) + \tan(-\alpha)$ 的值．

变式训练 12（2017.18）已知 $\sin\alpha = \dfrac{12}{13}$，$\dfrac{\pi}{2} < \alpha < \pi$．

（1）求 $\tan\alpha$ 的值；

（2）求 $\dfrac{\cos\alpha}{1 + \sin\alpha} + \dfrac{1 + \sin\alpha}{\cos\alpha}$ 的值．

变式训练 13（2019.18）设函数 $f(x) = 4\cos\alpha - 3\sin x$．

（1）若 $f(\alpha) = 0$，且 α 为第三象限的角，求 $\sin\alpha$ 及 $\tan\alpha$ 的值；

（2）若 $\alpha = \dfrac{\pi}{3}$，求 $f(x)$ 的最大值与最小值及取得最大值与最小值的 x 的集合．

变式训练 14（2020.18）已知 $\sin\alpha - 2\cos\alpha = 2$，且 α 为第二象限的角.

（1）求 $\sin\alpha$ 及 $\cos\alpha$ 的值；

（2）求 $\sin\left(\dfrac{\pi}{2}+\alpha\right)+\tan(\pi-\alpha)$ 的值.

变式训练 15（2021.18）已知 $2\sin\alpha + \cos\alpha = 1$，且 α 为第二象限的角.

（1）求 $\sin\alpha$ 及 $\cos\alpha$ 的值；

（2）求 $5\cos\left(\dfrac{\pi}{2}-\alpha\right)-3\tan\left(\pi+\alpha\right)$ 的值.

变式训练 16（2022.19）已知 $5\sin\alpha - \cos\alpha = 1$，且 α 为第一象限的角.

（1）求 $\sin\alpha$ 及 $\cos\alpha$ 的值；

（2）求 $\tan\left(\pi-\alpha\right)\sin\left(\dfrac{\pi}{2}+\alpha\right)-\cos\left(\pi+\alpha\right)$ 的值.

【例 5】（2019.3）若 $\sin\alpha < 0$，$\cos\alpha > 0$，则 α 所在的象限是（　　）.

A．第一象限　　B．第二象限　　C．第三象限　　D．第四象限

解析：由 $\sin\alpha < 0$ 知 α 在第三象限或第四象限；由 $\cos\alpha > 0$ 知 α 在第一象限或第四象限，因此 α 在第四象限.

故选 D.

【例 6】（2020.5）已知角 α 的终边经过点 $P(5,-12)$，则下列结果正确的是（　　）.

A．$\sin\alpha = \dfrac{12}{13}$　　　　　　　　B．$\cos\alpha = \dfrac{5}{13}$

C．$\sin\alpha = \dfrac{5}{13}$　　　　　　　　D．$\tan\alpha = -\dfrac{5}{12}$

解析：由题知 $r = \sqrt{5^2 + (-12)^2} = 13$，$\cos\alpha = \dfrac{x}{r} = \dfrac{5}{13}$.

故选 B.

变式训练 17（2021.3）若 $P(-2, y)$ 为角 α 终边上的一点，$|OP| = 2\sqrt{3}$，则 $\cos\alpha = $（　　）.

A．$-\dfrac{\sqrt{6}}{3}$　　B．$-\dfrac{\sqrt{3}}{3}$　　C．$\dfrac{\sqrt{3}}{3}$　　D．$\dfrac{\sqrt{6}}{3}$

【例 7】（2022.9）设 $x \in [0, 2\pi]$，则曲线 $y = 1 + 2\sin x$ 与直线 $y = 2$ 的交点个数是（　　）.

A．0　　B．1　　C．2　　D．3

解析：联立 $\begin{cases} y = 1 + 2\sin x \\ y = 2 \end{cases}$ 得 $\sin x = \dfrac{1}{2}$，又因 $x \in [0, 2\pi]$，则 $x = \dfrac{\pi}{6}$ 或 $\dfrac{5\pi}{6}$. 交点坐标为 $\left(\dfrac{\pi}{6}, 2\right)$ 或 $\left(\dfrac{5\pi}{6}, 2\right)$，交点个数为 2.

故选 C.

变式训练参考答案：

变式训练 1．B

变式训练 2．B

变式训练 3. $\sqrt{3}$

变式训练 4. A

变式训练 5. $-\dfrac{\sqrt{2}}{2}$

变式训练 6. $-\sqrt{3}$

变式训练 7. 1

变式训练 8. $\dfrac{\sqrt{2}}{2}$

变式训练 9. $\dfrac{5\pi}{6}$

变式训练 10. 解：（1）$\dfrac{3\sin(\pi-\alpha)+\cos\left(\dfrac{\pi}{2}-\alpha\right)}{\cos\alpha+\sin\left(\dfrac{\pi}{2}+\alpha\right)}=\dfrac{4\sin\alpha}{2\cos\alpha}$

因为 $\tan\alpha=2$，所以

$$\dfrac{3\sin(\pi-\alpha)+\cos\left(\dfrac{\pi}{2}-\alpha\right)}{\cos\alpha+\sin\left(\dfrac{\pi}{2}+\alpha\right)}=4$$

（2）由 $\tan\alpha=2$ 得

$$\sin\alpha=2\cos\alpha \quad ①$$
$$\sin^2\alpha+\cos^2\alpha=1 \quad ②$$

①、②联立得

$$\begin{cases}\cos^2\alpha=\dfrac{1}{5}\\ \sin^2\alpha=\dfrac{4}{5}\end{cases}$$

因为 α 为第三象限的角，所以

$$\cos\alpha=-\dfrac{\sqrt{5}}{5},\ \sin\alpha=-\dfrac{2\sqrt{5}}{5}$$

变式训练 11. 解：由 $\sin^2\alpha+\cos^2\alpha=1$ 得 $\sin\alpha=\pm\sqrt{1-\cos^2\alpha}$.

因为 α 为第三象限的角，故 $\sin\alpha<0$.

又因为 $\cos\alpha=-\dfrac{4}{5}$，所以

$$\sin\alpha=-\sqrt{1-\left(-\dfrac{4}{5}\right)^2}=-\dfrac{3}{5}$$

$$\tan\alpha=\dfrac{\sin\alpha}{\cos\alpha}=\dfrac{3}{4}$$

$$\sin(\pi+\alpha)+\tan(-\alpha)=-\sin\alpha-\tan\alpha=\dfrac{3}{5}-\dfrac{3}{4}=-\dfrac{3}{20}.$$

变式训练12. 解：（1）因为 $\frac{\pi}{2} < \alpha < \pi$，$\sin\alpha = \frac{12}{13}$，所以

$$\cos\alpha = -\sqrt{1-\sin^2\alpha} = -\frac{5}{13}$$

$$\tan\alpha = \frac{\sin\alpha}{\cos\alpha} = -\frac{12}{5}$$

（2）由（1）可知 $\cos\alpha = -\frac{5}{13}$，则

$$\frac{\cos\alpha}{1+\sin\alpha} + \frac{1+\sin\alpha}{\cos\alpha}$$

$$= \frac{2}{\cos\alpha}$$

$$= -\frac{26}{5}$$

变式训练13. 解：（1）由 $f(\alpha) = 0$ 得

$$4\cos\alpha - 3\sin\alpha = 0 \qquad ①$$

$$\sin^2\alpha + \cos^2\alpha = 1 \qquad ②$$

由①、②及 α 为第三象限的角得

$$\sin\alpha = -\frac{4}{5}$$

由①得

$$\tan\alpha = \frac{\sin\alpha}{\cos\alpha} = \frac{4}{3}$$

（2）当 $\alpha = \frac{\pi}{3}$ 时，$f(x) = 2 - 3\sin x$.

因为 $\sin x \in [-1,1]$，所以当 $\sin x = -1$，即 $x = 2k\pi + \frac{3\pi}{2}$ 时，$f(x)$ 取最大值5，x 的取值集合为 $\left\{x \mid x = 2k\pi + \frac{3\pi}{2}, k \in \mathbf{Z}\right\}$；当 $\sin x = 1$，即 $x = 2k\pi + \frac{\pi}{2}$ 时，$f(x)$ 取最小值 -1，x 的取值集合为 $\left\{x \mid x = 2k\pi + \frac{\pi}{2}, k \in \mathbf{Z}\right\}$.

变式训练14. 解：（1）根据题意可列方程组：

$$\begin{cases} \sin\alpha - 2\cos\alpha = 2 \\ \sin^2\alpha + \cos^2\alpha = 1 \end{cases}$$

解得

$$\begin{cases} \sin\alpha = 0 \\ \cos\alpha = -1 \end{cases} \text{或} \begin{cases} \sin\alpha = \frac{4}{5} \\ \cos\alpha = -\frac{3}{5} \end{cases}$$

因为 α 是第二象限的角，故 $\sin\alpha = \frac{4}{5}$，$\cos\alpha = -\frac{3}{5}$.

（2）由（1）可知 $\sin\alpha = \dfrac{4}{5}$，$\cos\alpha = -\dfrac{3}{5}$，所以

$$\tan\alpha = \dfrac{\sin\alpha}{\cos\alpha} = -\dfrac{4}{3}$$

$$\sin\left(\dfrac{\pi}{2}+\alpha\right) + \tan(\pi-\alpha) = \cos\alpha - \tan\alpha = -\dfrac{3}{5} + \dfrac{4}{3} = \dfrac{11}{15}$$

变式训练 15．解：（1）根据题意可列方程组：

$$\begin{cases} 2\sin\alpha + \cos\alpha = 1 \\ \sin^2\alpha + \cos^2\alpha = 1 \end{cases}$$

由于 α 是第二象限的角，解得

$$\sin\alpha = \dfrac{4}{5},\quad \cos\alpha = -\dfrac{3}{5}$$

（2）由（1）可知 $\sin\alpha = \dfrac{4}{5}$，$\cos\alpha = -\dfrac{3}{5}$，所以

$$\tan\alpha = \dfrac{\sin\alpha}{\cos\alpha} = -\dfrac{4}{3}$$

$$5\cos\left(\dfrac{\pi}{2}-\alpha\right) - 3\tan(\pi+\alpha) = 5\sin\alpha - 3\tan\alpha = 5\times\dfrac{4}{5} - 3\times\left(-\dfrac{4}{3}\right) = 8$$

变式训练 16．解：（1）联立方程组：$\begin{cases} 5\sin\alpha - \cos\alpha = 1 \\ \sin^2\alpha + \cos^2\alpha = 1 \end{cases}$，因为 α 是第一象限的角，解得

$$\sin\alpha = \dfrac{5}{13},\quad \cos\alpha = \dfrac{12}{13}$$

（2）$\tan(\pi-\alpha)\sin\left(\dfrac{\pi}{2}+\alpha\right) - \cos(\pi+\alpha)$

$= -\tan\alpha\cos\alpha + \cos\alpha$

$= -\sin\alpha + \cos\alpha$

$= -\dfrac{5}{13} + \dfrac{12}{13}$

$= \dfrac{7}{13}$

变式训练 17． B

第三部分　强化训练

一、选择题

1．第一象限的角可表示为（　　）．

A．$\{\alpha|0°<\alpha<90°\}$　　　　　　　B．$\{\alpha|k\cdot 360°<\alpha<90°+k\cdot 360°,k\in\mathbf{Z}\}$

C．$\{\alpha|90°<\alpha<180°\}$　　　　　　D．$\{\alpha|90°+k\cdot 360°<\alpha<180°+k\cdot 360°\}$

2. 下列命题正确的是（　　）.
   A. 终边相同的角一定相等
   B. 第一象限的角都是锐角
   C. 锐角都是第一象限的角
   D. 小于90°的角都是锐角

3. 下列与1110°终边相同的角为（　　）.
   A. $\dfrac{\pi}{6}$　　B. $\dfrac{\pi}{4}$　　C. $\dfrac{\pi}{3}$　　D. $\dfrac{\pi}{2}$

4. 角$120°+k\cdot180°$（$k\in\mathbf{Z}$）所在的象限是第（　　）象限.
   A. 一　　B. 二　　C. 一或三　　D. 二或四

5. 半径为1cm，圆心角为60°的角所对的弧长为（　　）.
   A. 1cm　　B. $\dfrac{2\pi}{3}$cm　　C. $\dfrac{\pi}{3}$cm　　D. 60cm

6. 经过1h，钟表的时针转过了（　　）弧度.
   A. $-\dfrac{\pi}{3}$　　B. $\dfrac{\pi}{3}$　　C. $\dfrac{\pi}{6}$　　D. $-\dfrac{\pi}{6}$

7. 设角α的终边经过点$P(-3,-2)$，则下列各式中，正确的是（　　）.
   A. $\sin\alpha\tan\alpha>0$
   B. $\cos\alpha\tan\alpha>0$
   C. $\cos\alpha-\tan\alpha<0$
   D. $\cos\alpha+\sin\alpha>0$

8. 下列各式中，正确的是（　　）.
   A. $\sin\dfrac{14\pi}{3}<0$
   B. $\tan\dfrac{8\pi}{5}>0$
   C. $\cos\left(-\dfrac{7\pi}{3}\right)<0$
   D. $\tan 4>0$

9. α是第一象限的角，则$\sin 2\alpha$、$\sin\dfrac{\alpha}{2}$、$\cos\dfrac{\alpha}{2}$、$\cos 2\alpha$、$\tan\dfrac{\alpha}{2}$中能确定为正值的有（　　）.
   A. 0个　　B. 1个　　C. 2个　　D. 2个以上

10. 已知$\sin\alpha=\dfrac{3}{5}$且α是第二象限的角，则$\tan\alpha=$（　　）.
    A. $\dfrac{4}{3}$　　B. $\dfrac{3}{4}$　　C. $-\dfrac{3}{4}$　　D. $\pm\dfrac{3}{4}$

11. 已知$\sin\alpha=-2\cos\alpha$，则角α在（　　）.
    A. 第一象限
    B. 第二象限
    C. 第一、三象限
    D. 第二、四象限

12. 若α的终边经过点$P(3,-4)$，则$\sin\alpha$的值是（　　）.
    A. $\dfrac{3}{5}$　　B. $-\dfrac{3}{5}$　　C. $\dfrac{4}{5}$　　D. $-\dfrac{4}{5}$

13. $-\alpha$的终边与单位圆交点的坐标为（　　）.
    A. $(\sin\alpha,\cos\alpha)$
    B. $(-\sin\alpha,-\cos\alpha)$

C. $(\cos(-\alpha), \sin(-\alpha))$ D. $(-\cos\alpha, -\sin\alpha)$

14. 已知 $\cos\alpha = \dfrac{1}{5}$ 且 $\tan\alpha < 0$，则 $\sin\alpha$ 的值是（ ）．

  A. $\pm\dfrac{2}{5}\sqrt{6}$ B. $\dfrac{\sqrt{6}}{12}$ C. $-\dfrac{2}{5}\sqrt{6}$ D. $\pm\dfrac{\sqrt{6}}{12}$

15. 若 $\cos\alpha < 0$ 且 $\tan\alpha \geqslant 0$，则 α 的终边落在（ ）．

  A. 第二象限   B. 第二象限或 x 轴的负半轴上

  C. 第三象限   D. 第三象限或 x 轴的负半轴上

16. 已知 $\tan\alpha = 1$ 且 α 为第三象限的角，则 $\cos\alpha$ 的值是（ ）．

  A. $\dfrac{1}{2}$ B. $-\dfrac{1}{2}$ C. $\dfrac{\sqrt{2}}{2}$ D. $-\dfrac{\sqrt{2}}{2}$

17. 若 $\dfrac{\pi}{2} < \alpha < \pi$，则点 $(\sin\alpha, \cos\alpha)$ 位于第（ ）象限．

  A. 一   B. 二   C. 三   D. 四

18. 若 α 的终边经过点 $(\sin 120°, \cos 120°)$，则 $\sin\alpha$ 的值是（ ）．

  A. $\dfrac{1}{2}$ B. $-\dfrac{1}{2}$ C. $\dfrac{\sqrt{3}}{2}$ D. $-\dfrac{\sqrt{3}}{3}$

19. 已知锐角 α 终边上一点 A 的坐标为 $\left(\sin\dfrac{\pi}{3}, \cos\dfrac{\pi}{3}\right)$，则角 α 为（ ）．

  A. 2   B. $\dfrac{\pi}{3}$ C. $\dfrac{\pi}{6}$ D. $\dfrac{2\pi}{3}$

20. 若集合 $P = \{x | \sin x = 1, x \in \mathbf{R}\}$，$Q = \{x | \cos x = -1, x \in \mathbf{R}\}$，$S = \{x | \sin x + \cos x = 0, x \in \mathbf{R}\}$，则（ ）．

  A. $P \cap Q = S$ B. $P \cup Q = S$

  C. $P \cup Q \cup S = \mathbf{R}$ D. $(P \cap Q) \subseteq S$

21. 已知 $\sin(\alpha + \pi) = \dfrac{3}{5}$，$\alpha \in \left(\dfrac{3\pi}{2}, 2\pi\right)$，则 $\tan\alpha = $（ ）．

  A. $-\dfrac{4}{3}$ B. $\dfrac{4}{3}$ C. $-\dfrac{3}{4}$ D. $\dfrac{3}{4}$

22. 已知 $\sin\theta = \dfrac{m-3}{m+5}$，$\cos\theta = \dfrac{4-2m}{m+5}$，$\dfrac{\pi}{2} < \theta < \pi$，则 $\tan\theta = $（ ）．

  A. $\dfrac{4-2m}{m-3}$ B. $\pm\dfrac{m-3}{4-2m}$

  C. $-\dfrac{5}{12}$ D. $-\dfrac{3}{4}$ 或 $-\dfrac{5}{12}$

23. 已知 α 是三角形的一个内角，$\sin\alpha + \cos\alpha = \dfrac{2}{3}$，则这个三角形的形状为（ ）．

  A. 锐角三角形   B. 钝角三角形

  C. 直角三角形   D. 等腰直角三角形

24. 下列命题中，正确的是（　　）．

   A．若 $\cos\alpha<0$，则 α 是第二或第三象限的角

   B．若 $\sin\alpha=\sin\beta$，则 α 与 β 的终边相同

   C．若 $\alpha>\beta$，则 $\cos\alpha<\cos\beta$

   D．若 α 是第三象限的角，则 $\sin\alpha\cos\alpha>0$

25. 化简 $\sqrt{1-\sin^2 220°}$ 的结果是（　　）．

   A．$\sin 220°$　　　B．$-\sin 220°$　　　C．$\cos 220°$　　　D．$-\cos 220°$

26. 若 $|\tan\alpha|=-\tan\alpha$，则 α 所在的象限是第（　　）象限．

   A．二或三　　　B．一或二　　　C．一或三　　　D．二或四

27. $\sqrt{\sin^2 120°}=$（　　）．

   A．$\dfrac{1}{2}$　　　B．$\dfrac{\sqrt{3}}{2}$　　　C．$-\dfrac{\sqrt{3}}{2}$　　　D．$\pm\dfrac{\sqrt{3}}{2}$

28. $\sin\alpha=\dfrac{\sqrt{3}}{2}$ 是 $\alpha=60°$ 的（　　）条件．

   A．充分不必要　　　　　　　　　B．必要不充分

   C．充要　　　　　　　　　　　　D．既不充分也不必要

29. 已知 α 是第二象限的角，$\cos\alpha=-\dfrac{3}{5}$，则 $\tan\alpha=$（　　）．

   A．$\dfrac{3}{4}$　　　B．$-\dfrac{3}{4}$　　　C．$\dfrac{4}{3}$　　　D．$-\dfrac{4}{3}$

30. 若 α 是第三象限的角，则 $\dfrac{\cos\alpha}{\sqrt{1-\sin^2\alpha}}+\dfrac{3\sin\alpha}{\sqrt{1-\cos^2\alpha}}$ 的值是（　　）．

   A．2　　　B．-2　　　C．4　　　D．-4

31. $\tan(-690°)$ 的值是（　　）．

   A．$\sqrt{3}$　　　B．$-\sqrt{3}$　　　C．$\dfrac{\sqrt{3}}{3}$　　　D．$-\dfrac{\sqrt{3}}{3}$

32. $\sin\left(-\dfrac{19\pi}{6}\right)$ 的值是（　　）．

   A．$\dfrac{1}{2}$　　　B．$-\dfrac{1}{2}$　　　C．$\dfrac{\sqrt{3}}{2}$　　　D．$-\dfrac{\sqrt{3}}{2}$

33. 如果 $\cos(\pi+\alpha)=-\dfrac{1}{2}$，那么 $\sin(\pi-\alpha)$ 的值是（　　）．

   A．$\dfrac{1}{2}$　　　B．$-\dfrac{1}{2}$　　　C．$\pm\dfrac{\sqrt{3}}{2}$　　　D．$\pm\dfrac{\sqrt{3}}{3}$

34. 已知 $\sin\left(\alpha-\dfrac{\pi}{4}\right)=\dfrac{1}{3}$，则 $\sin\left(\alpha+\dfrac{3}{4}\pi\right)$ 的值是（　　）．

   A．$\dfrac{3\sqrt{2}}{3}$　　　B．$-\dfrac{2\sqrt{2}}{3}$　　　C．$\dfrac{1}{3}$　　　D．$-\dfrac{1}{3}$

35. 已知 $\cos\left(\alpha+\dfrac{\pi}{4}\right)=\dfrac{2}{3}$，则 $\sin\left(\dfrac{3}{4}\pi-\alpha\right)$ 的值是（　　）．

    A. $\dfrac{2}{3}$ B. $-\dfrac{2}{3}$ C. $\dfrac{\sqrt{5}}{3}$ D. $\pm\dfrac{\sqrt{5}}{3}$

36. 已知 $\sin\alpha+\cos\alpha=\sqrt{2}$，则 $2\sin\alpha\cos\alpha=$（　　）．

    A. ± 2 B. -2 C. 1 D. 2

37. 已知 $\dfrac{\sin\alpha+3\cos\alpha}{3\cos\alpha-\sin\alpha}=5$，则 $\sin^2\alpha-\sin\alpha\cos\alpha$ 的值是（　　）．

    A. $\dfrac{2}{5}$ B. $-\dfrac{2}{5}$ C. -2 D. 2

38. 已知 $\sin\alpha\cos\alpha=\dfrac{1}{4}$ 且 $\alpha\in\left(0,\dfrac{\pi}{4}\right)$，则 $\sin\alpha-\cos\alpha$ 的值是（　　）．

    A. $\dfrac{1}{2}$ B. $-\dfrac{1}{2}$ C. $\dfrac{\sqrt{2}}{2}$ D. $-\dfrac{\sqrt{2}}{2}$

39. （1）已知 $\sin\alpha-\cos\alpha=\sqrt{2}$，$\alpha\in(0,\pi)$，则 $\tan\alpha=$（　　）．

    A. -1 B. $-\dfrac{\sqrt{2}}{2}$ C. $\dfrac{\sqrt{2}}{2}$ D. 1

（2）已知 $\sin\alpha-\cos\alpha=\dfrac{1}{2}$，$\alpha\in(0,\pi)$，则 $\tan\alpha=$（　　）．

    A. $\dfrac{\sqrt{7}+4}{3}$ B. $-\dfrac{\sqrt{2}}{2}$ C. $\dfrac{\sqrt{2}}{2}$ D. 1

（3）已知 $\sin\alpha-\cos\alpha=\dfrac{\sqrt{3}+1}{2}$，$\alpha\in(0,\pi)$，则 $\tan\alpha=$（　　）．

    A. $-\sqrt{3}$ 或 $-\dfrac{\sqrt{3}}{3}$ B. $-\sqrt{3}$ C. $-\dfrac{\sqrt{3}}{3}$ D. 1

40. $y=\sin x$ 是（　　）．

    A. 奇函数且周期是 π B. 奇函数且周期是 2π

    C. 偶函数且周期是 π D. 偶函数且周期是 2π

41. $y=\tan x$ 的定义域是（　　）．

    A. $\{x\mid x\in \mathbf{R}\}$ B. $\{x\mid x\neq k\pi, k\in \mathbf{Z}, x\in \mathbf{R}\}$

    C. $\left\{x\mid x\neq \dfrac{\pi}{2}+k\pi, k\in \mathbf{Z}, x\in \mathbf{R}\right\}$ D. $\left\{x\mid x\neq \dfrac{\pi}{2}+2k\pi, k\in \mathbf{Z}, x\in \mathbf{R}\right\}$

42. 下列函数中，同时满足①在 $\left(0,\dfrac{\pi}{2}\right)$ 上是增函数；②是奇函数；③最小正周期是 2π 的函数是（　　）．

    A. $y=\cos x+1$ B. $y=\cos x$ C. $y=\sin x+1$ D. $y=\sin x$

43. 已知 $\alpha\in(0,2\pi)$ 且 $\sin\alpha>\cos\alpha$，则（　　）．

    A. $0<\alpha<\dfrac{\pi}{4}$ B. $\dfrac{\pi}{4}<\alpha<\dfrac{5\pi}{4}$

C. $0<\alpha<\dfrac{\pi}{4}$ 或 $\dfrac{5\pi}{4}<\alpha<2\pi$ D. 以上都不对

44. $f(x)=x^3+\sin x+1$ $(x\in\mathbf{R})$，若 $f(a)=2$，则 $f(-a)$ 的值是（   ）.
    A. 3 B. 0 C. -1 D. -2

45. 已知函数 $y=\sin x$ 的定义域为 $[a,b]$，值域为 $\left[-1,\dfrac{1}{2}\right]$，则 $b-a$ 的值不可能是（   ）.
    A. $\dfrac{\pi}{3}$ B. $\dfrac{2\pi}{3}$ C. π D. $\dfrac{4\pi}{3}$

二、填空题

1. 角 $\alpha=-\dfrac{4\pi}{3}$ 的终边落在第_____象限.

2. 在 $0°\sim 360°$ 之间与 $-1580°$ 终边相同的角为_____.

3. 终边落在 x 轴上的角的集合为_____.

4. $\dfrac{7\pi}{6}=$_____°；$-\dfrac{2\pi}{3}$_____°；$1140°=$_____rad；$-2=$_____°.

5. $\sin\dfrac{3\pi}{2}=$_____，$\cos\pi=$_____，$\tan\pi=$_____.

6. 已知 $\alpha=\dfrac{2\pi}{3}$，则 $P(\cos\alpha,\tan\alpha)$ 在第_____象限.

7. 已知 $\left(\dfrac{1}{2}\right)^{\sin\theta}<1$ 且 $2^{\cos\theta}<1$，则 θ 是第_____象限的角.

8. 设点 $P(1,\sqrt{3})$ 在角 α 的终边上，则 $\sin\alpha=$_____，$\tan\alpha=$_____.

9. 设角 α 为第一象限的角，点 $(3,m)$ 在角 α 的终边上，$\cos\alpha=\dfrac{3}{5}$，则 $m=$_____.

10. 已知点 $P(3,-4)$ 是角 α 终边上的任意一点，则 $\sin\alpha-\tan\alpha=$_____.

11. 已知角 α 的终边上有一点 $P(a,2a)$ （$a\in\mathbf{R}$ 且 $a\neq 0$），则 $\sin\alpha$ 的值为_____.

12. 设角 $\alpha=30°$，则其终边与单位圆交点的坐标为_____.

13. 已知 $\cos\alpha=-\dfrac{4}{5}$ 且 α 是第三象限的角，则 $\sin\alpha=$_____，$\tan\alpha=$_____.

14. 已知 $\tan\alpha=3$ 且 α 是第一象限的角，则 $\sin\alpha=$_____，$\cos\alpha=$_____.

15. 已知 $\dfrac{\sin\alpha-\cos\alpha}{2\sin\alpha+3\cos\alpha}=-5$，则 $\tan\alpha=$_____.

16. 已知 $\sin\alpha=-\dfrac{8}{17}$，则 $\cos\alpha=$_____，$\tan\alpha=$_____.

17. 若 $\tan\alpha=\dfrac{1}{2}$，则 $\dfrac{5\sin\alpha-2\cos\alpha}{\sin\alpha+\cos\alpha}=$_____.

18. 若 $f(\tan\alpha)=\sin\alpha\cos\alpha$，则 $f\left(\sqrt{3}\right)=$_____.

19. 若 $\sin\theta+\cos\theta=\dfrac{1}{3}$，则 $\sin\theta\cos\theta=$_____.

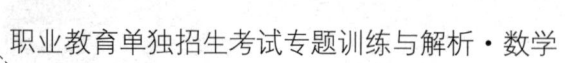

20. $\sin^4\theta + \cos^2\theta + \sin^2\theta\cos^2\theta = $ _____.

21. 若 $\sqrt{1-\sin^2\theta} = \cos\theta > 0$ 且 $\cos\theta \neq 1$，则 θ 是第_____象限的角.

22. $\sqrt{1+2\sin 4\cos 4} = $ _____.

23. 若 $\sin\alpha + \cos\alpha = -\dfrac{7}{5}$，则 $\tan\alpha = $ _____.

24. $\sqrt{1-\sin^2 210°} = $ _____；$\tan\alpha \cdot \sqrt{1-\sin^2\alpha} = $ _____ $(-\pi < \alpha < -\dfrac{\pi}{2})$.

25. 若 $\sin\alpha\cos\alpha = \dfrac{1}{8}$ 且 $\dfrac{\pi}{4} < \alpha < \dfrac{\pi}{2}$，则 $\cos\alpha - \sin\alpha = $ _____.

26. 若 $\cos(3\pi+\alpha) = \dfrac{3}{4}$ 且 $\tan\alpha\cos\alpha < 0$，则 $\sin\alpha = $ _____.

27. 把 $\cos\left(-\dfrac{\pi}{4}\right)$、$\cos\left(\dfrac{\pi}{3}\right)$、$\cos\left(\dfrac{5}{6}\pi\right)$ 按从小到大的顺序排序：_____.

28. 函数 $y = \dfrac{\sin x}{|\sin x|} + \dfrac{|\cos x|}{\cos x} + \dfrac{\tan x}{|\tan x|}$ 的值域是_____.

29. 函数 $y = \dfrac{1}{\cos x}$ 的定义域为_____.

30. 已知 $\sin x = -\dfrac{\sqrt{3}}{2}$，$x \in [0, 2\pi]$，则 $x = $ _____.

31. 使 $2\cos x = a-3$ 有意义的 a 的取值范围是_____.

32. 已知 $\cos x = -\dfrac{1}{2}$ 且 $x \in [0, 2\pi]$，则 x 的值为_____.

33. 已知 $|\sin x| = 1$ 且 $x \in [0, 2\pi]$，则 x 的取值集合为_____.

34. $y = \sqrt{\sin x - \cos x}$ 的定义域是_____.

35. 当 $x \in \left[\dfrac{\pi}{6}, \dfrac{7\pi}{6}\right]$ 时，函数 $y = 3 - \sin x - 2\cos^2 x$ 的最大值是_____，最小值是_____.

36. $\cos 0° + \cos 1° + \cos 2° + \cdots + \cos 180°$ 的值为_____.

37. 在 $\triangle ABC$ 中，$\sqrt{2}\sin\angle A = \sqrt{3}\cos\angle A$，则 $\angle A = $ _____.

38. 若角 β 的终边与 $60°$ 的终边相同，则在 $[0°, 360°]$ 内，终边与 $\dfrac{\beta}{2}$ 的终边相同的角为_____.

三、解答题

1. 已知角 α 的终边过点 $P(-3, 2)$，求 $\sin\alpha$、$\cos\alpha$ 和 $\tan\alpha$ 的值.

2. 设角 α 的终边在直线 $y = 2x$ 上，求 $\sin\alpha$、$\cos\alpha$ 和 $\tan\alpha$ 的值.

3. 已知角 α 是第二象限的角，点 $P(k,8)$ 在角 α 的终边上，且 $OP=17$，求 $\cos\alpha$ 和 $\tan\alpha$ 的值.

4. 设点 $P(12,m)$ 为角 α 终边上的一点，且 $\tan\alpha = \dfrac{5}{12}$，求 $\sin\alpha$ 和 $\cos\alpha$ 的值.

5. 已知点 $P(n,4)$ 在角 α 的终边上且 $\sin\alpha = \dfrac{4}{5}$，求 $\cos\alpha$ 和 $\tan\alpha$ 的值.

6. 已知 $\sin\theta\tan\theta<0$，则 θ 是第几象限的角？

7. 求下列各式的值．

（1） $7\cos270°+12\cos0°+2\tan0°-8\sin180°$；

（2） $\cos810°+\sin(-930°)-\tan(-1110°)$；

（3） $\sin\dfrac{14\pi}{3}+\cos\dfrac{25\pi}{6}+\tan\left(-\dfrac{21\pi}{4}\right)$；

（4） $\sin\dfrac{\pi}{4}+\cos\dfrac{3\pi}{4}+\dfrac{4}{5}\tan\left(\dfrac{5\pi}{4}\right)-\dfrac{2}{3}\sin\dfrac{7\pi}{6}$．

8. 已知角 α 的终边经过点 $(5,-12)$,求 $\cos\alpha - \sin\alpha$ 的值.

9. 已知角 α 的终边经过点 $(3a,-4a)$ ($a \neq 0$),求 $\sin\alpha + \cos\alpha$ 的值.

10. 若 α 是第二象限的角, $\cos\alpha = -\dfrac{5}{13}$,求 $\sin\alpha$、$\tan\alpha$ 的值.

11. 已知 $\tan\theta = \sqrt{3}$, $\pi < \theta < \dfrac{3\pi}{2}$,求 $\cos\theta - \sin\theta$ 的值.

12. 已知 $\cos\alpha = \dfrac{1}{3}$,求 $\sin\alpha$ 和 $\tan\alpha$ 的值.

13. 已知 $\tan\alpha = 2$，求下列各式的值．

（1）$\dfrac{\cos\alpha + \sin\alpha}{\cos\alpha - \sin\alpha}$；

（2）$5\sin\alpha\cos\alpha$；

（3）$\sin^2\alpha + 3\sin\alpha\cos\alpha - 1$．

14. 已知 $\sin\alpha + \cos\alpha = -\dfrac{1}{5}$（$0 < \alpha < \pi$），求 $\tan\alpha$ 的值．

15. 已知 $\sin(\pi + \alpha) = \dfrac{4}{5}$ 且 α 是第三象限的角，求 $\cos(\pi + \alpha) + \tan(2\pi + \alpha)$ 的值．

16. 已知 $\cos\left(\dfrac{\pi}{6}+\alpha\right)=\dfrac{\sqrt{3}}{3}$，求 $\cos\left(\dfrac{5\pi}{6}-\alpha\right)$ 的值.

17. 已知 $\pi<\alpha<2\pi$，$\cos(\alpha-7\pi)=-\dfrac{3}{5}$，求 $\sin(3\pi+\alpha)\tan(\alpha-7\pi)$ 的值.

18. 已知 $f(\alpha)=\dfrac{\sin(\pi-\alpha)\cos(2\pi-\alpha)\tan(\pi+\alpha)}{\tan(-\alpha-\pi)\sin(-\pi-\alpha)}$.

（1）化简 $f(\alpha)$；

（2）若 α 是第三象限的角且 $\cos(\alpha-3\pi)=\dfrac{1}{5}$，求 $f(\alpha)$ 的值.

19. 已知 $\sin\alpha+2\cos\alpha=2$ 且 $\alpha\in\left(0,\dfrac{\pi}{2}\right)$，求 $\tan\alpha$ 的值.

20. 已知 $\sin\alpha + \cos\alpha = \dfrac{\sqrt{2}}{3}$ 且 α 是第二象限的角，求 $\sin\alpha - \cos\alpha$ 的值．

21. 化简 $\dfrac{\sqrt{1-2\sin 10°\cos 10°}}{\cos 10° - \sqrt{1-\cos^2 190°}}$．

22. 已知函数 $y = 1 + \dfrac{1}{3}\sqrt{2\sin x - 1}$，求该函数的定义域．

23. 已知下列三角函数值，求满足条件的角 x 的值．

（1） $\cos x = -\dfrac{1}{2}$，$x \in (0, 2\pi)$；

（2） $\tan x = \dfrac{\sqrt{3}}{3}$，$x \in [0°, 360°]$．

24. 已知函数 $y = a - b\cos x$（$b > 0$）的最大值为 $\dfrac{3}{2}$，最小值为 $-\dfrac{1}{2}$.

（1）求 a、b 的值；

（2）用"五点作图法"画出其在 $x \in [0, 2\pi]$ 内的图像.

25. 已知 $y = a\sin 2x + b$ 过点 $\left(\dfrac{\pi}{12}, 2\right)$ 和 $\left(\dfrac{7}{12}\pi, 0\right)$.

（1）求函数的解析式；

（2）求函数的单调递增区间；

（3）当 x 为何值时，y 取得最大值和最小值？

26. 已知 $\sin\alpha$ 是方程 $5x^2-7x-6=0$ 的一个根，化简 $\dfrac{\cos(-\alpha-\pi)\sin(\pi-\alpha)\sin^2(2\pi-\alpha)}{\sin(-\pi-\alpha)\cos(\pi+\alpha)\cos^2(\pi-\alpha)}$．

27. 已知角 α 终边上的一点 P 到 x 轴的距离与到 y 轴的距离比为 $3:4$，且 $\sin\alpha<0$，求 $\cos\alpha+2\tan\alpha$ 的值．

第六章

数列

第一部分　考纲解读

一、知识内容

1．数列的概念．
2．等差数列及其通项公式，等差数列的前 n 项和，等差数列的应用．
3．等比数列及其通项公式，等比数列的前 n 项和，等比数列的应用．

二、具体要求

1．掌握数列的概念、数列通项公式及前 n 项和公式的意义．
2．掌握等差数列的概念和性质，掌握等差中项、等差数列的通项公式及前 n 项和公式，能用公式解决简单的实际问题．
3．掌握等比数列的概念和性质，掌握等比中项、等比数列的通项公式及前 n 项和公式，能用公式解决简单的实际问题．

第二部分　真题解析

【例 1】（2015.4）若数列 $\{a_n\}$ 的通项公式 $a_n = 1 - \log_{\frac{1}{2}} n$，则 $a_8 = $（　　）．

A．-4　　　　B．-2　　　　C．2　　　　D．4

解析： $a_8 = 1 - \log_{\frac{1}{2}} 8 = 1 - (-3) = 4$，故选 D．

变式训练 1（2017.6）已知数列 $\{a_n\}$ 的通项公式为 $a_n = (-1)^{n+1} \dfrac{1}{n}$（$n \in \mathbf{N}^*$），则 $S_4 = $（　　）．

A．$\dfrac{25}{12}$　　　B．$\dfrac{7}{12}$　　　C．$-\dfrac{7}{12}$　　　D．$-\dfrac{25}{12}$

变式训练 2（2018.7）已知数列 $\{a_n\}$ 的前 n 项和为 $S_n = n^2 + 5$，则 $a_4 + a_5 = $（　　）．

A．51　　　　B．30　　　　C．21　　　　D．16

变式训练 3（2020.4）若数列 $\{a_n\}$ 的前 n 项和为 $S_n = n^3 - 3n + 2$，则 $\{a_n\}$ 的第三项是（　　）.

A．4　　　　B．10　　　　C．16　　　　D．20

变式训练 4（2021.7）数列 $\{a_n\}$ 满足 $a_1 = 2$，$a_n = 2a_{n-1} + 3$（$n \geqslant 2$），则 $a_3 = $（　　）.

A．7　　　　B．8　　　　C．17　　　　D．26.

【例 2】（2016.14）在等差数列 $\{a_n\}$ 中，若 $a_2 + a_3 + a_4 = 12$，则 $a_3 = $ ＿＿＿＿＿＿＿．

解析：因为数列 $\{a_n\}$ 为等差数列，所以 $a_2 + a_4 = 2a_3$，代入条件 $a_2 + a_3 + a_4 = 12$ 可得 $3a_3 = 12$，所以 $a_3 = 4$．

变式训练 5（2022.14）已知在等差数列 $\{a_n\}$ 中，$a_3 = 10$，$a_5 = 16$，则 $a_7 = $ ＿＿＿＿＿＿＿．

【例 3】（2016.19）已知在数列 $\{a_n\}$ 中，$a_5 = 12$，$a_{n+1} = a_n + 2$．

（1）求 $\{a_n\}$ 的通项公式；

（2）设 $\{b_n\}$ 为等比数列，且 $b_2 = a_1$，$b_5 = a_{15}$，求 $\{b_n\}$ 的前 n 项和 T_n．

分析：本题考查等差数列、等比数列的基本运算．

解析：（1）因 $a_{n+1} = a_n + 2$，即 $a_{n+1} - a_n = 2$，故 $\{a_n\}$ 是公差 d 为 2 的等差数列，即 $a_n = a_1 + (n-1)d = a_1 + 2(n-1)$，于是 $a_5 = a_1 + 2 \times 4 = a_1 + 8$，又因 $a_5 = 12$，故 $a_1 + 8 = 12$，即 $a_1 = 4$，所以 $a_n = 4 + 2(n-1) = 2(n+1)$．

（2）由（1）知 $b_2 = a_1 = 4$，$b_5 = a_{15} = 32$，又因 $b_2 = b_1 q$，$b_5 = b_1 \times q^4$，$q^3 = \dfrac{b_5}{b_2} = \dfrac{32}{4} = 8$，从而可得 $q = 2$，$b_1 = \dfrac{b_2}{q} = \dfrac{4}{2} = 2$，故 $b_n = b_1 q^{n-1} = 2 \times 2^{n-1} = 2^n$，所以 $T_n = \dfrac{2(1 - 2^n)}{1 - 2} = 2(2^n - 1) = 2^{n+1} - 2$．

变式训练 6（2015.19）$\{a_n\}$ 是等差数列，S_n 为其前 n 项和，已知 $S_3 = 9$，$a_4 = 7$．

（1）求 a_n 及 S_n；

（2）若 $\{b_n\}$ 为等比数列，T_n 为其前 n 项和，且 $b_2 = a_2$，$b_3 = a_5$，求 b_n 及 T_n．

变式训练 7（2018.19）已知等差数列 $\{a_n\}$，公差 $d = 2$，$S_3 = 15$．

（1）求 a_n；

（2）设 $\{b_n\}$ 是等比数列，且 $b_1 = a_1$，$b_2 = a_2 + a_3$，求 $\{b_n\}$ 的前 n 项和 T_n．

变式训练 8（2019.17）已知数列 $\{a_n\}$ 的通项公式 $a_n = 2n - 1$，$n \in \mathbf{N}^*$．

（1）判断 2019 是否为数列 $\{a_n\}$ 中的项，如果是，指出它是第几项；

（2）说明 $\{a_n\}$ 是等差数列，并求它的前 n 项和 S_n．

变式训练 9（2020.19）已知 $\{a_n\}$ 为等差数列，$a_1 = 3$，$S_3 = 15$．

（1）求 a_n；

（2）若 $b_n = 2^{a_n}$，求数列 $\{b_n\}$ 的前 n 项和 T_n．

变式训练 10（2021.19）已知数列 $\{a_n\}$ 的前 n 项和 $S_n = 3n^2 + 4$，$n \in \mathbf{N}^*$．

（1）求 a_n；

（2）若 $\{b_n\}$ 是正项等比数列，且 $b_1 = a_1 - 2$，$b_3 = a_5 - a_1$，求 $\{b_n\}$ 的前 n 项和 T_n．

变式训练 11（2022.18）已知数列 $\{a_n\}$ 的首项是 3，且满足 $\dfrac{a_{n+1}-9}{a_n-1}=9$，$n\in \mathbf{N}^*$.

（1）求 a_n；

（2）若 $b_n=\log_3 a_n$，求数列 $\{b_n\}$ 的前 n 项和 T_n.

【例4】（2017.19） 已知 3 个正数 a、b、c 成等差数列，其和为 12，且 1、a、b 成等比数列，求 a、b、c 的值.

分析： 本题考查等差中项、等比中项的应用.

解析： 因 b 为 a、c 的等差中项，故 $2b=a+c$. 由 $a+b+c=12$ 可知 $b=4$.

因 1、a、b 成等比数列，即 a 为 1 与 b 的等比中项，故 $a^2=b$，又因 $a>0$，所以 $a=2$. 故 $a=2$，$b=4$，$c=6$.

变式训练 12（2019.7）已知 a 为 -4 与 b 的等差中项，b 为 -4 与 a 的等比中项，且 $a\neq b$，则（　　）.

A．$a=-1, b=2$　　B．$a=1, b=2$　　C．$a=1, b=-2$　　D．$a=-1, b=-2$

变式训练参考答案：

变式训练 1．B

变式训练 2．D

变式训练 3．C

变式训练 4．C

变式训练 5．22

变式训练 6．解：（1）由题意可列方程组：

$$\begin{cases} S_3=3a_1+\dfrac{3\times(3-1)}{2}d=9 \\ a_4=a_1+3d=7 \end{cases}$$

解得 $a_1=1$，$d=2$. 故

$$a_n=a_1+(n-1)d=2n-1$$
$$S_n=\dfrac{n(a_1+a_n)}{2}=n^2$$

（2）由（1）知，$a_2=3$，$a_5=9$，进而求得 $b_2=3$，$b_3=9$.

$$q=\dfrac{b_3}{b_2}=3,\quad b_1=\dfrac{b_2}{q}=1$$
$$b_n=b_1 q^{n-1}=3^{n-1}$$
$$T_n=\dfrac{1-3^n}{1-3}=\dfrac{3^n-1}{2}$$

变式训练 7．解：（1）由题意可知，在等差数列 $\{a_n\}$ 中，$d=2$，$S_3=3a_1+3d=15$，所以 $a_1=3$.

$$a_n=a_1+(n-1)d=2n+1$$

（2）由题意可知，在等比数列$\{b_n\}$中，$b_1 = a_1 = 3$，$b_2 = a_2 + a_3 = 5 + 7 = 12$，则公比 $q = \dfrac{b_2}{b_1} = \dfrac{12}{3} = 4$．

$$T_n = \frac{a_1(1-q^n)}{1-q} = \frac{3(1-4^n)}{1-4} = 4^n - 1$$

变式训练 8．解：（1）令 $a_n = 2n - 1 = 2019$，得 $n = 1010 \in \mathbf{N}^*$，所以2019是数列中的第1010项．

（2）$a_1 = 1$．当 $n \geqslant 2$ 时，$a_n - a_{n-1} = (2n-1) - [2(n-1)-1] = 2$，可见 $\{a_n\}$ 是首项 $a_1 = 1$，公差 $d = 2$ 的等差数列．

$$S_n = \frac{n(a_1 + a_n)}{2} = \frac{n[1 + (2n-1)]}{2} = n^2$$

变式训练 9．解：（1）因为 $S_n = na_1 + \dfrac{n(n-1)}{2}d$，$a_1 = 3$，$S_3 = 15$，所以 $S_3 = 3 \times 3 + \dfrac{3 \times (3-1)}{2}d = 15$，解得 $d = 2$．

$$a_n = a_1 + (n-1)d = 2n + 1$$

（2）因为 $b_n = 2^{a_n} = 2^{2n+1}$，所以 $b_1 = 8$，又因为 $\dfrac{b_n}{b_{n-1}} = \dfrac{2^{2n+1}}{2^{2n-1}} = 4$，所以 $\{b_n\}$ 是首项为8，公比为4的等比数列．

$$T_n = \frac{b_1(1-q^n)}{1-q} = \frac{8(1-4^n)}{1-4} = \frac{8}{3}(4^n - 1)$$

变式训练 10．解：（1）因 $S_n = 3n^2 + 4$，故 $a_1 = S_1 = 7$．
当 $n \geqslant 2$ 时，$a_n = S_n - S_{n-1} = 3n^2 + 4 - 3(n-1)^2 - 4 = 6n - 3$，即

$$a_n = \begin{cases} 7, & n = 1 \\ 6n - 3, & n \geqslant 2 \end{cases}$$

（2）由（1）可知，$b_1 = a_3 - 2 = 5$，$b_3 = a_5 - a_1 = 20$．

因 $\{b_n\}$ 是正项等比数列，故 $\dfrac{b_3}{b_1} = q^2 = 4$，解得 $q = 2$，即 $\{b_n\}$ 是首项为5，公比为2的等比数列．

$$T_n = \frac{b_1(1-q^n)}{1-q} = \frac{5(1-2^n)}{1-2} = 5(2^n - 1)$$

变式训练 11．解：（1）由题意可知 $\dfrac{a_{n+1} - 9}{a_n - 1} = 9$，则 $a_{n+1} - 9 = 9a_n - 9$，即 $\dfrac{a_{n+1}}{a_n} = 9$，所以数列 $\{a_n\}$ 是以3为首项，9为公比的等比数列．

$$a_n = 3 \times 9^{n-1} = 3^{2n-1}$$

（2）由（1）可知 $a_n = 3^{2n-1}$，则

$$b_n = \log_3 a_n = \log_3 3^{2n-1} = 2n - 1$$

$$T_n = 1 + 3 + 5 + \cdots + (2n-1) = \frac{n(1+2n-1)}{2} = n^2$$

变式训练 12. A

第三部分　强化训练

一、选择题

1. 下列选项中，表示数列的是（　　）．
   A．(3,4)　　　　B．3,4　　　　C．{3,4}　　　　D．{(3,4)}

2. 下列说法正确的是（　　）．
   A．数列 1,2,3,4 与数列 4,3,2,1 是相同的数列
   B．0,−1,2,−2 不能表示数列
   C．数列 1,4,9,16,… 的一个通项公式为 $a_n = (n-1)^2$
   D．数列可以分成有穷数列和无穷数列

3. 对数列的认识，下列说法不正确的是（　　）．
   A．数列中的项可以重复　　　　B．数列 $\{a_n\}$ 的通项公式不一定是唯一的
   C．数列中的项就是数列的项　　　D．数列中的项具有有序性

4. 数列 $1, \sqrt{2}, \sqrt{3}, 2, \sqrt{5}, \sqrt{6}, \cdots$ 中的第 100 项为（　　）．
   A．$\sqrt{99}$　　　B．10　　　C．$\sqrt{101}$　　　D．11

5. 在数列 $1, \dfrac{1}{2}, \dfrac{1}{4}, \dfrac{1}{8}, \cdots$ 中，$\dfrac{1}{128}$ 为该数列的第（　　）项．
   A．6　　　B．7　　　C．8　　　D．9

6. 已知数列 $\{a_n\}$ 的通项公式为 $a_n = 2^n - n + 1$，则 a_3 的值为（　　）．
   A．0　　　B．6　　　C．12　　　D．13

7. 数列 $\dfrac{3}{5}, -\dfrac{4}{8}, \dfrac{5}{11}, -\dfrac{6}{14}, \cdots$ 的通项公式为（　　）．
   A．$(-1)^n \dfrac{n+1}{2n+1}$　　B．$(-1)^{n+1} \dfrac{n+2}{3n+2}$　　C．$(-1)^{n-1} \dfrac{n+2}{3n-1}$　　D．$(-1)^n \dfrac{2n+1}{n+4}$

8. 已知数列 $1, -1, 1, -1, \cdots$，下列不能作为其通项公式的是（　　）．
   A．$a_n = (-1)^{n+1}$　　　　B．$a_n = (-1)^{n-1}$
   C．$a_n = \cos(n-1)\pi$　　　D．$a_n = \sin(n-1)\pi$

9. 若数列 $\{a_n\}$ 满足 $a_{n+1} = 2a_n + 1$ 且 $a_1 = 1$，则 $a_4 =$（　　）．
   A．3　　　B．7　　　C．15　　　D．$-\dfrac{1}{2}$

10. 已知数列 $\dfrac{1}{3}, -\dfrac{1}{5}, \dfrac{1}{7}, -\dfrac{1}{9}, \cdots$，则数列的第 $n+1$ 项为（　　）．
    A．$\dfrac{(-1)^n}{2n+1}$　　B．$\dfrac{(-1)^{n+1}}{2n+3}$　　C．$\dfrac{(-1)^{n+1}}{2n+1}$　　D．$\dfrac{(-1)^n}{2n+3}$

11. 601 是数列 7,13,19,25,31,… 中的第（ ）项．

    A．98   B．99   C．100   D．101

12. 若数列 $\{a_n\}$ 的通项公式为 $a_n = 2n+5$，则此数列是（ ）．

    A．公差为 2 的等差数列   B．公差为 5 的等差数列

    C．首项为 5 的等差数列   D．公差为 n 的等差数列

13. 若 a、b、$c \in \mathbf{R}$，则 $2b = a+c$ 是 a、b、c 成等差数列的（ ）条件．

    A．充分不必要   B．必要不充分

    C．充要   D．既不充分也不必要

14. 等差数列 $-3,-7,-11,\cdots$ 的一个通项公式为（ ）．

    A．$4n-7$ B．$-4n-1$ C．$4n+1$ D．$-4n+1$

15. 已知数列 $\{a_n\}$ 满足 $a_{n+1} - a_n = 2$，$a_1 = 1$，则该数列的通项公式为（ ）．

    A．$a_n = 2$ B．$a_n = 2n$ C．$a_n = 2n-1$ D．$a_n = 4n-2$

16. 等差数列 $21,18,15,\cdots$ 从第（ ）项开始为负数．

    A．7   B．8   C．9   D．10

17. 已知 $\triangle ABC$ 的三个内角 $\angle A$、$\angle B$、$\angle C$ 成等差数列，则 $\angle B$ 为（ ）．

    A．$30°$ B．$60°$ C．$90°$ D．$120°$

18. 在等差数列 $\{a_n\}$ 中，若 $a_3 + a_4 + a_5 + a_6 + a_7 = 450$，则 $a_2 + a_8 = $（ ）．

    A．45   B．75   C．120   D．180

19. 已知在等差数列 $\{a_n\}$ 中，$a_2 = 1$，$a_5 = 10$，则 $a_{10} = $（ ）．

    A．22   B．25   C．28   D．30

20. 在等差数列 $\{a_n\}$ 中，若 $a_2 = 3$，$d = 2$，$a_n = 23$，则 $n =$（ ）．

    A．10   B．11   C．12   D．13

21. 已知在等差数列 $\{a_n\}$ 中，$a_2 + a_5 = 19$，$S_5 = 40$，则 $a_{10} = $（ ）．

    A．27   B．28   C．29   D．30

22. 已知数列 $\{a_n\}$ 满足 $a_{n+1} = a_n + 3$ 且 $a_8 = 31$，则 $a_1 = $（ ）．

    A．10   B．-10 C．3   D．-3

23. 数列 $m,m,m,\cdots$（ ）．

    A．一定是等比数列

    B．既是等差数列，又是等比数列

    C．一定是等差数列，不一定是等比数列

    D．既不是等差数列，又不是等比数列

24. 在等比数列 $\{a_n\}$ 中，$a_4 = -1$，$q = \dfrac{1}{2}$，则 $a_{10} = $（ ）．

    A．$-\dfrac{1}{128}$ B．$-\dfrac{1}{64}$ C．$\dfrac{1}{128}$ D．$\dfrac{1}{64}$

25. 已知在数列 $\{a_n\}$ 中，$a_1=1$，$\dfrac{a_{n+1}}{a_n}=2$（$n\in \mathbf{N}^*$），则 $a_8=$（　　）．

   A．32　　　　　B．64　　　　　C．128　　　　　D．256

26. 等比数列 $\dfrac{1}{2},-\dfrac{1}{4},\dfrac{1}{8},\cdots$ 的通项公式为（　　）．

   A．$\left(\dfrac{1}{2}\right)^n$　　B．$\left(-\dfrac{1}{2}\right)^n$　　C．$(-1)^n\left(\dfrac{1}{2}\right)^n$　　D．$(-1)^{n-1}\left(\dfrac{1}{2}\right)^n$

27. 在等比数列 $\{a_n\}$ 中，a_3、a_9 是方程 $3x^2-11x+9=0$ 的两根，则 $a_6=$（　　）．

   A．3　　　　B．$\dfrac{11}{6}$　　　　C．$\pm\sqrt{3}$　　　　D．以上都不是

28. 已知等差数列 $\{a_n\}$ 满足 $a_2+a_3=10$，$a_4+a_5-a_1=27$，则公差 $d=$（　　）．

   A．1　　　　　B．2　　　　　C．3　　　　　D．4

29. 在等比数列 $\{a_n\}$ 中，$q=-2$，$S_5=44$，则 $a_1=$（　　）．

   A．4　　　　　B．-4　　　　　C．2　　　　　D．-2

30. 在等比数列 $\{a_n\}$ 中，$S_2=20$，$S_4=60$，则 $S_6=$（　　）．

   A．80　　　　　B．100　　　　　C．120　　　　　D．140

31. 若 a、b、c 成等比数列，则函数 $y=ax^2+bx+c$ 的图像与 x 轴交点的个数是（　　）．

   A．0　　　　　B．1　　　　　C．2　　　　　D．0 或 2

32. 已知在等比数列 $\{a_n\}$ 中，$a_1=2$，$S_3=26$，则公比 q 为（　　）．

   A．3 或 -4　　B．-3 或 4　　C．-4　　　　D．3

33. 已知等比数列 $\{a_n\}$ 的公比 $q=-\dfrac{1}{3}$，则 $\dfrac{a_1+a_3+a_5+a_7}{a_2+a_4+a_6+a_8}=$（　　）．

   A．$-\dfrac{1}{3}$　　B．-3　　　C．$\dfrac{1}{3}$　　　D．3

34. 在各项均为正数的等比数列 $\{a_n\}$ 中，若 $\log_2 a_2+\log_2 a_6=4$，则 $a_4=$（　　）．

   A．4　　　　　B．-16　　　　　C．± 16　　　　　D．± 4

35. 下列各组数能组成等比数列的是（　　）．

   A．$3,-3\sqrt{3},9$　　B．$\lg 2,\lg 4,\lg 8$　　C．a^2,a^4,a^8　　D．$2,4,6$

36. 已知等比数列 $\{a_n\}$ 的公比为正数，且 $a_4a_6=27a_5$，$a_2=1$，则 a_1 的值为（　　）．

   A．3　　　　　B．$\dfrac{1}{3}$　　　　　C．$\dfrac{\sqrt{3}}{3}$　　　　　D．$\sqrt{3}$

37. 已知在等比数列 $\{a_n\}$ 中，$q=2$，$S_4=1$，则 $S_8=$（　　）．

   A．$\dfrac{127}{15}$　　B．15　　　　C．17　　　　D．30

38. 数列 $\dfrac{1}{1\times 2},\dfrac{1}{2\times 3},\dfrac{1}{3\times 4},\dfrac{1}{4\times 5},\cdots$ 的前 n 项和为（　　）．

   A．$\dfrac{1}{n}$　　B．$\dfrac{1}{n+1}$　　C．$\dfrac{n-1}{n}$　　D．$\dfrac{n}{n+1}$

39. 数列 $1,2,4,8,16,\cdots$ 的一个通项公式为（　　）.

　　A. $a_n = 2n-1$　　B. $a_n = 2^{n-1}$　　C. $a_n = 2^n$　　D. $a_n = 2^{n+1}$

40. 已知在数列 $\{a_n\}$ 中，$a_1 = 1$，$a_{n+1} = \dfrac{n}{n+1} a_n$，则 $a_4 = $（　　）.

　　A. $\dfrac{1}{2}$　　B. $\dfrac{1}{3}$　　C. $\dfrac{1}{4}$　　D. $\dfrac{1}{5}$

41. 在等差数列 $\{a_n\}$ 中，$d=2$，$a_n=11$，$S_n=35$，则 $n=$（　　）.

　　A. 5 或 7　　B. 3 或 5　　C. 7 或 -1　　D. 3 或 -1

42. 在数列 $1,1,2,3,5,8,x,\cdots$ 中，x 的值是（　　）.

　　A. 11　　B. 12　　C. 13　　D. 8

43. 已知等差数列 $\{a_n\}$ 的通项公式是 $a_n = n^2 + 2n$，则 15 是数列的第（　　）项.

　　A. 3　　B. 4　　C. 5　　D. 6

44. 在等差数列 $\{a_n\}$ 中，$S_{10}=120$，则 $a_2 + a_9 = $（　　）.

　　A. 12　　B. 24　　C. 36　　D. 48

45. 在等比数列 $\{a_n\}$ 中，$a_1=3$，$a_n=96$，$S_n=189$，则 $n=$（　　）.

　　A. 6　　B. 8　　C. 10　　D. 12

46. 在等比数列 $\{a_n\}$ 中，$a_1=1$，$a_3=4$，则 $a_5=$（　　）.

　　A. 8　　B. 16　　C. 32　　D. 64

47. 等差数列 $\{a_n\}$ 满足 $a_1 + a_2 + a_3 + \cdots + a_{101} = 0$，则（　　）.

　　A. $a_1 + a_{101} > 0$　　B. $a_2 + a_{100} = 0$

　　C. $a_1 + a_{99} = 0$　　D. $a_{50} = 0$

48. 数列 $\{a_n\}$ 的前 n 项和为 S_n，若 $a_n = \dfrac{1}{n(n+1)}$，则 $S_5 = $（　　）.

　　A. 1　　B. $\dfrac{5}{6}$　　C. $\dfrac{1}{6}$　　D. $\dfrac{1}{30}$

49. 在等差数列 $\{a_n\}$ 中，已知 $a_1=2$，$a_2+a_3=13$，则 $a_4+a_5+a_6=$（　　）.

　　A. 40　　B. 42　　C. 43　　D. 45

50. 如果 $-1,a,b,c,-9$ 成等比数列，那么（　　）.

　　A. $b=3$，$ac=9$　　B. $b=-3$，$ac=9$

　　C. $b=3$，$ac=-9$　　D. $b=-3$，$ac=-9$

二、填空题

1. 在等差数列 $\{a_n\}$ 中，$a_1=200$，$S_{41}=4100$，则公差 $d=$ _____.

2. 在等比数列 $\{a_n\}$ 中，$q=\dfrac{1}{2}$，$S_6=63$，则 $a_1=$ _____.

3. 在小于 100 的正整数中，能被 3 除余 2 的这些数的和是 _____.

4. $\dfrac{2}{3},\dfrac{4}{15},\dfrac{6}{35},\dfrac{8}{63},\dfrac{10}{99},\cdots$ 的一个通项公式为_____.

5. 若 $\{a_n\}$ 为等差数列，$a_{15}=8$，$a_{60}=20$，则 $a_n=$_____.

6. 在等比数列 $\{a_n\}$ 中，$q=2$，则 $\dfrac{2a_1+a_2}{2a_3+a_4}$ 的值为_____.

7. 在等比数列 $\{a_n\}$ 中，$a_1=\sqrt{2}$，$a_2=\sqrt[3]{2}$，则 $a_4=$_____.

8. 若 3 是 $a+1$ 与 $a-5$ 的等差中项，则 $a=$_____.

9. 数列 $-3,6,-9,12,\cdots$ 的通项公式为_____.

10. 在等差数列 $\{a_n\}$ 中，$a_{10}=10$，$a_{18}=20$，则 $a_2=$_____.

11. 在等差数列 $\{a_n\}$ 中，a_1、a_{10} 是方程 $2x^2+4x+1=0$ 的解，则 $a_4+a_7=$_____.

12. 在 2 与 7 之间插入 n 个数，使得包括 2 和 7 在内的 $n+2$ 个数组成以 2 为首项的等差数列，如果这个等差数列前 16 项的和为 56，则 $n=$_____.

13. 已知四个连续整数之和为 62，则这 4 个整数分别是_____.

14. 数列 $\dfrac{1}{1\times3},\dfrac{1}{3\times5},\dfrac{1}{5\times7},\cdots$ 的一个通项公式为_____.

15. 在等比数列 $\{a_n\}$ 中，若 a_3、a_7 为方程 $x^2-4x-5=0$ 的两根，则 $a_2a_8=$_____.

16. 在 -1 和 8 之间插入 2 个数 a、b，使这 4 个数组成等差数列，则 $a=$_____，$b=$_____.

17. 已知在等差数列 $\{a_n\}$ 中，$a_9=3$，则 $S_{17}=$_____.

18. 已知在等差数列 $\{a_n\}$ 中，$a_2-a_4=6$，$a_1a_5=-32$，则 $a_3=$_____.

19. 已知三个数 $\lg a$、$\lg b$、$\lg c$ 组成等差数列，则 a、b、c 的关系为_____.

20. 设在等比数列 $\{a_n\}$ 中，a_3 是 a_1、a_2 的等差中项，则数列的公比为_____.

21. 在等比数列 $\{a_n\}$ 中，$a_1=1$，$a_n=32$，$q=2$，则 $n=$_____.

22. 已知在等比数列 $\{a_n\}$ 中，$a_3a_7=64$，则 $a_2a_8=$_____.

23. 在等差数列 $\{a_n\}$ 中，$S_{10}=120$，$a_1=-3$，则 $a_9=$_____.

24. 在等差数列 $\{a_n\}$ 中，公差为 2，若 a_1、a_3、a_4 成等比数列，则 $a_2=$_____.

25. 某产品平均每月降价 $\dfrac{1}{4}$，目前售价为 640 元，则三个月后该产品的售价为_____元.

26. 设数列 $\{a_n\}$ 是首项为 27，公差为整数的等差数列，并且前 7 项为正，从第 8 项开始为负，则此数列的公差 d 为_____.

27. 设数列 $\{a_n\}$ 的通项公式为 2^n，则 $a_1+a_2+a_3+a_4+a_5=$_____.

28. 已知在等比数列 $\{a_n\}$ 中，$a_3=-2$，则此数列前 5 项的积为_____.

29. 已知在等差数列 $\{a_n\}$ 中，$a_4+a_6+a_{15}+a_{17}=30$，则 $S_{20}=$_____.

30. 已知在数列 $\{a_n\}$ 中，$S_n=n^2-4n+2$，则 $a_n=$_____.

三、解答题

1. 已知在等差数列 $\{a_n\}$ 中，公差 $d=2$，$a_n=1$，$S_n=-8$，求 a_1 及 n.

2. 已知在等差数列 $\{a_n\}$ 中，$a_2=7$，$a_4=15$，求数列的通项公式及前 n 项和.

3. 已知在等差数列 $\{a_n\}$ 中，前三项为 $x-2, x, 2x+1$.

   （1）求数列的通项公式，并判断 17 是否为数列中的项；

   （2）求该数列的前 19 项和.

4. 在等差数列 $\{a_n\}$ 中，$a_4=70$，$a_{21}=-100$.

   （1）求首项 a_1 和公差 d，并写出通项公式 a_n；

   （2）求 S_{21}.

5. 已知在等比数列 $\{a_n\}$ 中，$a_1=1$，$a_4=-27$，求 a_5.

6. 已知在等比数列 $\{a_n\}$ 中，$a_3=\dfrac{1}{16}$，$q=2$，求 a_5 及 S_5.

7. 已知数列 $\{a_n\}$ 满足 $a_1=1$，$a_{n+1}=2a_n+1$（$n\in \mathbf{N}^*$）.

（1）求数列的前 4 项；

（2）证明：数列 $\{a_n+1\}$ 是等比数列.

8. 若数列 $\{a_n\}$ 的前 n 项和为 $S_n=n^2-2n$.

（1）求通项公式 a_n；

（2）证明：数列 $\{a_n\}$ 为等差数列.

9. 已知 3 个数成等比数列，它们的积为 216，中间的数加上 4 又构成等差数列，求这 3 个数．

10. 已知在等差数列 $\{a_n\}$ 中，$a_1 = 130$，$S_3 = S_{11}$．
（1）求公差 d；

（2）试问该数列的前几项和最大？最大值是多少？

11. 在等差数列 $\{a_n\}$ 中，已知 a_1、a_4 是方程 $x^2 - 10x + 16 = 0$ 的两根，且 $a_4 > a_1$，求该数列的前 8 项和．

12. 设 S_n 为等差数列 $\{a_n\}$ 的前 n 项和，$a_1 = 4$，$S_n = 11$，且 a_1、a_7、a_{10} 成等比数列，求 n 的值．

13. 在等差数列 $\{a_n\}$ 中，已知 $a_5+a_{10}=58$，$a_4+a_9=50$，求：

（1）等差数列的通项公式；

（2）等差数列 $\{a_n\}$ 的前 n 项和 S_n．

14. 已知在等比数列 $\{a_n\}$ 中，$a_2=8$，$a_5=512$．

（1）求 $\{a_n\}$ 的通项公式；

（2）令 $b_n=\log_2 a_n$，求数列 $\{b_n\}$ 的前 n 项和 S_n．

15. 数列 $\{b_n\}$ 的函数为 $f(x)$，已知 $f(x)=-3x+27$，$b_n=f(n)$，试判断 $\{b_n\}$ 是否为等差数列，并求 $\{b_n\}$ 的前 n 项和 S_n．

16. 设数列 $\{a_n\}$ 满足 $a_1=2$，$a_{n+1}=3a_n-2$（n 为正整数）．

（1）求 $\dfrac{a_{n+1}-1}{a_n-1}$（n 为正整数）；

（2）求数列$\{a_n\}$的通项公式.

17. 已知$\{a_n\}$是等比数列，$a_1=2$，$a_3=18$，$\{b_n\}$是等差数列，$b_1=2$，$b_1+b_2+b_3+b_4=a_1+a_2+a_3>20$，求数列$\{b_n\}$的通项公式.

18. 设数列$\{a_n\}$的通项公式是关于n的一次函数（$n\in \mathbf{N}^*$），已知$a_8=15$，且a_2、a_5、a_4成等比数列.

（1）求数列$\{a_n\}$的通项公式；

（2）求$a_3+a_6+a_9+a_{12}+\cdots+a_{36}$.

第七章

向量

第一部分　考纲解读

一、知识内容

1．向量的概念，向量的几何表示，向量的加法和减法，数乘向量，向量的坐标表示，与一个非零向量共线的向量．

2．平面向量分解定理，平面向量的直角坐标，向量的直角坐标运算，向量平行的充要条件．

3．线段的中点坐标公式，定比分点坐标公式．

4．向量的夹角，向量的内积，向量垂直的充要条件，向量的应用．

二、具体要求

1．理解向量的概念，掌握向量的加法、减法、数乘和内积运算；掌握向量平行和垂直的充要条件；理解平面向量的基本原理，掌握向量夹角的概念．

2．掌握向量的直角坐标及其与点坐标之间的关系；掌握向量的直角坐标运算；掌握平行向量、垂直向量坐标间的关系．

3．掌握中点坐标公式、两点间距离公式．

4．了解向量在其他学科中的应用．

第二部分　真题解析

【例1】（2018.9）已知向量 $\vec{a}$、$\vec{b}$ 满足 $|\vec{a}|=1$，$|\vec{b}|=2$，且 $\langle \vec{a},\vec{b} \rangle = \dfrac{\pi}{3}$，则 $|\vec{a}+\vec{b}|=$（　　）．

　　A．$\sqrt{3}$　　　　B．$\sqrt{7}$　　　　C．3　　　　D．7

解析：

$$|\vec{a}+\vec{b}|=\sqrt{(\vec{a}+\vec{b})^2}=\sqrt{\vec{a}^2+2\vec{a}\cdot\vec{b}+\vec{b}^2}=\sqrt{|\vec{a}|^2+2|\vec{a}||\vec{b}|\cos\frac{\pi}{3}+|\vec{b}|^2}$$
$$=\sqrt{1+2\times1\times2\times\frac{1}{2}+4}=\sqrt{7}$$

故选 B.

变式训练1（2016.7）设 $\vec{a}$、$\vec{b}$ 为单位向量，且 $\vec{a}$ 与 $\vec{b}$ 的夹角 $\langle\vec{a},\vec{b}\rangle=\frac{\pi}{3}$，则 $|\vec{a}+\vec{b}|=$（　　）.

A. $\pm\sqrt{3}$　　B. 1　　C. $\sqrt{3}$　　D. 3

变式训练2（2015.10）已知 $|\vec{a}|=1$，$|\vec{b}|=2$，$\langle\vec{a},\vec{b}\rangle=120°$，则 $|\vec{a}-\vec{b}|=$（　　）.

A. $\sqrt{3}$　　B. 3　　C. $\sqrt{7}$　　D. 7

变式训练3（2020.9）已知向量 $\vec{a}$、$\vec{b}$ 满足 $|\vec{a}|=1$，$|\vec{b}|=2$，且 $\vec{a}\cdot\vec{b}=1$，则 $|2\vec{a}+\vec{b}|=$（　　）.

A. $2\sqrt{3}$　　B. 4　　C. 12　　D. 16

变式训练4（2021.6）向量 $\vec{a}$、$\vec{b}$ 满足 $|\vec{a}|=3$，$|\vec{b}|=4$，且 $\vec{a}\cdot\vec{b}=8$，则 $|\vec{a}-\vec{b}|=$（　　）.

A. 1　　B. 3　　C. 5　　D. 9

【例2】（2017.2）已知向量 $\vec{a}=(-1,1)$，$\vec{b}=(-2,m-1)$，若 $\vec{a}//\vec{b}$，则 $m=$（　　）.

A. -3　　B. -1　　C. 1　　D. 3

解析： 因为 $\vec{a}//\vec{b}$，所以 $(-1)\cdot(m-1)-1\times(-2)=0$，解得 $m=3$，故选 D.

【例3】（2016.18）已知向量 $\vec{a}=(-1,3)$，$\vec{b}=(1,2)$，记 $\vec{c}=\vec{a}-\vec{b}$.

（1）求 $\vec{a}$ 与 $\vec{c}$ 的夹角 $\langle\vec{a},\vec{c}\rangle$；

（2）若 $(\lambda\vec{a}+\vec{b})//\vec{c}$，求实数 λ 的值.

分析： 本题考查平面向量的夹角计算及共线的充要条件.

解：（1）由题意得 $\vec{c}=\vec{a}-\vec{b}=(-1,3)-(1,2)=(-2,1)$，从而可得 $|\vec{c}|=\sqrt{(-2)^2+1^2}=\sqrt{5}$.

又因 $|\vec{a}|=\sqrt{(-1)^2+3^2}=\sqrt{10}$，$\vec{a}\cdot\vec{c}=(-1,3)\cdot(-2,1)=(-1)\times(-2)+3\times1=5$，故 $\cos\langle\vec{a},\vec{c}\rangle=\frac{\vec{a}\cdot\vec{c}}{|\vec{a}|\times|\vec{c}|}=\frac{5}{\sqrt{10}\times\sqrt{5}}=\frac{1}{\sqrt{2}}=\frac{\sqrt{2}}{2}$，所以 $\langle\vec{a},\vec{c}\rangle=\frac{\pi}{4}$.

（2）由题意得 $\lambda\vec{a}+\vec{b}=(-\lambda,3\lambda)+(1,2)=(1-\lambda,2+3\lambda)$.

由 $(\lambda\vec{a}+\vec{b})//\vec{c}$ 可得，$(1-\lambda)\times1-(2+3\lambda)\times(-2)=0$，即 $5+5\lambda=0$，所以 $\lambda=-1$.

变式训练5（2018.17）已知 $\vec{a}=(3,4)$，$\vec{b}=(-2,4)$.

（1）若 $(\vec{a}+\vec{b})//(\vec{a}-m\vec{b})$，求 m 的值；

（2）求 $\langle\vec{a},\vec{b}\rangle$ 的余弦值.

【例4】（2017.17）在平行四边形 $ABCD$ 中，已知向量 $\overrightarrow{AB}=(3,4)$，$\overrightarrow{AD}=(5,0)$.

（1）求 $|\overrightarrow{AB}+3\overrightarrow{AD}|$；

（2）证明：$(\overrightarrow{AB}+\overrightarrow{AD})\perp(\overrightarrow{AB}-\overrightarrow{AD})$.

分析： 本题考查平面向量的模长计算及垂直的充要条件.

（1）**解：**

$$\overrightarrow{AB}+3\overrightarrow{AD}=(3,4)+3\times(5,0)=(18,4)$$
$$|AB+3AD|=\sqrt{18^2+4^2}=2\sqrt{85}$$

（2）证明：$\overrightarrow{AB}-\overrightarrow{AD}=(3,4)-(5,0)=(-2,4)$，$(\overrightarrow{AB}+\overrightarrow{AD})\cdot(\overrightarrow{AB}-\overrightarrow{AD})=8\times(-2)+4\times 4=0$．

故 $(\overrightarrow{AB}+\overrightarrow{AD})\perp(\overrightarrow{AB}-\overrightarrow{AD})$．

变式训练 6 已知 $\vec{a}=(-1,2)$，$\vec{b}=(-3,1)$．

（1）求 $\langle\vec{a},\vec{b}\rangle$；

（2）若 $(\vec{a}+\vec{b})\perp(m\vec{a}+\vec{b})$，求 m 的值．

变式训练 7（2020.17）已知向量 $\vec{a}=(-3,1)$，$\vec{b}=(-1,2)$．

（1）若 $m\vec{a}+\vec{b}$ 与 $\vec{a}-3\vec{b}$ 垂直，求 m 的值；

（2）求 $\vec{a}$ 与 $\vec{b}$ 的夹角 $\langle\vec{a},\vec{b}\rangle$．

变式训练 8（2022.20）已知向量 $\vec{a}=(1,k)$，$\vec{b}=(-1,\sqrt{3})$，且 $2\vec{a}-\vec{b}$ 与 $\vec{b}$ 垂直．

（1）求 k 的值；

（2）求 $\vec{a}$ 与 $\vec{b}$ 的夹角 $\langle\vec{a},\vec{b}\rangle$．

【例 5】（2019.19）已知向量 $\vec{a}=(\cos\theta,\sin\theta)$，$\vec{b}=(-\sin\theta,\cos\theta)$，$\vec{c}=\vec{a}+\lambda\vec{b}$，$\vec{d}=\vec{a}-\lambda\vec{b}$，其中 θ、λ 为常数，且 $\lambda>0$．

（1）若 $\vec{c}\perp\vec{d}$，求 λ 的值；

（2）证明：$|\vec{c}|=|\vec{d}|$．

解法 1：（1）由 $\vec{a}=(\cos\theta,\sin\theta)$，$\vec{b}=(-\sin\theta,\cos\theta)$ 可得
$$\vec{c}=\vec{a}+\lambda\vec{b}=(\cos\theta-\lambda\sin\theta,\sin\theta+\lambda\cos\theta)$$
$$\vec{d}=\vec{a}-\lambda\vec{b}=(\cos\theta+\lambda\sin\theta,\sin\theta-\lambda\cos\theta)$$
$$\vec{c}\cdot\vec{d}=(\cos\theta-\lambda\sin\theta)\cdot(\cos\theta+\lambda\sin\theta)+(\sin\theta+\lambda\cos\theta)\cdot(\sin\theta-\lambda\cos\theta)$$
$$=1-\lambda^2$$

若 $\vec{c}\perp\vec{d}$，则 $\vec{c}\cdot\vec{d}=0$，由 $\lambda>0$ 可得 $\lambda=1$．

（2）由（1）可知，$\vec{c}=(\cos\theta-\lambda\sin\theta,\sin\theta+\lambda\cos\theta)$，$\vec{d}=(\cos\theta+\lambda\sin\theta,\sin\theta-\lambda\cos\theta)$，故
$$|\vec{c}|^2=(\cos\theta-\lambda\sin\theta)^2+(\sin\theta+\lambda\cos\theta)^2=1+\lambda^2$$
$$|\vec{d}|^2=(\cos\theta+\lambda\sin\theta)^2+(\sin\theta-\lambda\cos\theta)^2=1+\lambda^2$$

由此可知，$|\vec{c}|^2=|\vec{d}|^2$，进而可知 $|\vec{c}|=|\vec{d}|$．

解法 2：$\vec{a}\cdot\vec{a}=\vec{b}\cdot\vec{b}=1$，$\vec{a}\cdot\vec{b}=\vec{b}\cdot\vec{a}=0$．

（1）若 $\vec{c}\perp\vec{d}$，则 $\vec{c}\cdot\vec{d}=0$，即
$$\vec{c}\cdot\vec{d}=(\vec{a}+\lambda\vec{b})\cdot(\vec{a}-\lambda\vec{b})=\vec{a}\cdot\vec{a}-\lambda^2\vec{b}\cdot\vec{b}=1-\lambda^2=0$$

解得 $\lambda^2=1$．又由于 $\lambda>0$，故 $\lambda=1$．

（2）由题意可知
$$|\vec{c}|^2=\vec{c}\cdot\vec{c}=(\vec{a}+\lambda\vec{b})\cdot(\vec{a}+\lambda\vec{b})=\vec{a}\cdot\vec{a}+2\lambda\vec{a}\cdot\vec{b}+\lambda^2\vec{b}\cdot\vec{b}=1+\lambda^2$$

$$|\vec{d}|^2 = \vec{d} \cdot \vec{d} = (\vec{a} - \lambda \vec{b}) \cdot (\vec{a} - \lambda \vec{b}) = \vec{a} \cdot \vec{a} - 2\lambda \vec{a} \cdot \vec{b} + \lambda^2 \vec{b} \cdot \vec{b} = 1 + \lambda^2$$

由此可知，$|\vec{c}|^2 = |\vec{d}|^2$，进而可知$|\vec{c}| = |\vec{d}|$.

变式训练 9（2021.17）已知点 $A(1,2)$，$B(x,0)$，$C(3,4)$.

（1）若 $|\overrightarrow{AB}| = |\overrightarrow{BC}|$，求 x 的值；

（2）当 $x=3$ 时，证明：$\overrightarrow{AB} \perp \overrightarrow{AC}$.

【例 6】（2022.2）同一平面上，作用于同一点的三个力 $\overrightarrow{F_1}$、$\overrightarrow{F_2}$、$\overrightarrow{F_3}$ 满足 $\overrightarrow{F_1} + \overrightarrow{F_2} + \overrightarrow{F_3} = \vec{0}$，且 $\overrightarrow{F_1} = (3,4)$，$\overrightarrow{F_2} = (-2,-5)$，则 $\overrightarrow{F_3} = ($ $)$.

  A. $(-1,-1)$ B. $(-1,1)$ C. $(1,-1)$ D. $(1,1)$

解：设 $\overrightarrow{F_3} = (x,y)$，由 $\overrightarrow{F_1} + \overrightarrow{F_2} + \overrightarrow{F_3} = \vec{0}$ 可得

$$(3,4) + (-2,-5) + (x,y) = (0,0)$$

则 $\begin{cases} 1+x=0 \\ -1+y=0 \end{cases}$，解得 $\begin{cases} x=-1 \\ y=1 \end{cases}$，即 $\overrightarrow{F_3} = (-1,1)$，故选 B.

变式训练参考答案：

变式训练 1. C

变式训练 2. C

变式训练 3. A

变式训练 4. B

变式训练 5. 解：（1）

$$\vec{a} + \vec{b} = (3,4) + (-2,4) = (1,8)$$

$$\vec{a} - m\vec{b} = (3,4) - m(-2,4) = (3+2m, 4-4m)$$

由 $(\vec{a}+\vec{b}) // (\vec{a} - m\vec{b})$ 得，$(4-4m) - 8(3+2m) = 0$，解得 $m = -1$.

（2）由 $\vec{a} \cdot \vec{b} = (-2) \times 3 + 4 \times 4 = 10$，$|\vec{a}| = \sqrt{3^2 + 4^2} = 5$，$|\vec{b}| = \sqrt{(-2)^2 + 4^2} = 2\sqrt{5}$ 可得

$$\cos\langle \vec{a}, \vec{b} \rangle = \frac{\vec{a} \cdot \vec{b}}{|\vec{a}||\vec{b}|} = \frac{10}{5 \times 2\sqrt{5}} = \frac{\sqrt{5}}{5}$$

变式训练 6. 解：（1）由 $|\vec{a}| = \sqrt{(-1)^2 + 2^2} = \sqrt{5}$，$|\vec{b}| = \sqrt{(-3)^2 + 1^2} = \sqrt{10}$，$\vec{a} \cdot \vec{b} = (-1) \times (-3) + 2 \times 1 = 5$ 可得

$$\cos\langle \vec{a}, \vec{b} \rangle = \frac{\vec{a} \cdot \vec{b}}{|\vec{a}||\vec{b}|} = \frac{5}{\sqrt{5} \times \sqrt{10}} = \frac{\sqrt{2}}{2}$$

解得 $\langle \vec{a}, \vec{b} \rangle = \frac{\pi}{4}$.

（2）$\vec{a} + \vec{b} = (-1,2) + (-3,1) = (-4,3)$，$m\vec{a} + \vec{b} = (-m, 2m) + (-3,1) = (-3-m, 2m+1)$，由 $(\vec{a}+\vec{b}) \perp (m\vec{a}+\vec{b})$ 可知

$$(\vec{a}+\vec{b}) \cdot (m\vec{a}+\vec{b}) = 10m + 15 = 0$$

解得 $m = -\dfrac{3}{2}$.

变式训练 7. 解：（1）$m\vec{a}+\vec{b}=m(-3,1)+(-1,2)=(-3m-1,m+2)$，$\vec{a}-3\vec{b}=(-3,1)-3(-1,2)=(0,-5)$.

因为 $m\vec{a}+\vec{b}$ 与 $\vec{a}-3\vec{b}$ 垂直，所以 $0\times(-3m-1)+(-5)\times(m+2)=0$，解得 $m=-2$.

（2）根据题意知 $|\vec{a}|=\sqrt{10}$，$|\vec{b}|=\sqrt{5}$，$\vec{a}\cdot\vec{b}=(-3,1)\cdot(-1,2)=5$，所以 $\cos\langle\vec{a},\vec{b}\rangle=\dfrac{\vec{a}\cdot\vec{b}}{|\vec{a}|\cdot|\vec{b}|}=\dfrac{\sqrt{2}}{2}$.

因为 $0\leqslant\langle\vec{a},\vec{b}\rangle\leqslant\pi$，所以 $\langle\vec{a},\vec{b}\rangle=\dfrac{\pi}{4}$.

变式训练 8. 解：（1）$2\vec{a}-\vec{b}=2(1,k)-(-1,\sqrt{3})=(3,2k-\sqrt{3})$，$\vec{b}=(-1,\sqrt{3})$.

因为 $(2\vec{a}-\vec{b})\perp\vec{b}$，所以 $3\times(-1)+(2k-\sqrt{3})\cdot\sqrt{3}=0$，解得 $k=\sqrt{3}$.

（2）由（1）知 $\vec{a}=(1,\sqrt{3})$，$\vec{b}=(-1,\sqrt{3})$，则

$$\cos\langle\vec{a},\vec{b}\rangle=\dfrac{1\times(-1)+\sqrt{3}\times\sqrt{3}}{\sqrt{1^2+(\sqrt{3})^2}\times\sqrt{(-1)^2+(\sqrt{3})^2}}=\dfrac{2}{2\times 2}=\dfrac{1}{2}$$

又因为 $0\leqslant\langle\vec{a},\vec{b}\rangle\leqslant\pi$，所以 $\langle\vec{a},\vec{b}\rangle=\dfrac{\pi}{3}$.

变式训练 9.（1）解：$\overrightarrow{AB}=(x-1,-2)$，$\overrightarrow{BC}=(3-x,4)$，$\overrightarrow{AB}^2=(x-1)^2+(-2)^2$，$\overrightarrow{BC}^2=(3-x)^2+4^2$.

由 $|\overrightarrow{AB}|=|\overrightarrow{BC}|$ 得 $\overrightarrow{AB}^2=\overrightarrow{BC}^2$，即 $x^2-2x+5=x^2-6x+25$，解得 $x=5$.

（2）证明：当 $x=3$ 时，$\overrightarrow{AB}=(2,-2)$，$\overrightarrow{AC}=(2,2)$.

$$\overrightarrow{AB}\cdot\overrightarrow{AC}=2\times 2+(-2)\times 2=0$$

所以 $\overrightarrow{AB}\perp\overrightarrow{AC}$.

第三部分　强化训练

一、选择题

1. 两个向量相等是两个向量共线的（　　）.
   A. 充分不必要条件　　　　　　　B. 必要不充分条件
   C. 充要条件　　　　　　　　　　D. 既不充分也不必要条件

2. 在平行四边形 $ABCD$ 中，$\overrightarrow{AB}+\overrightarrow{CA}+\overrightarrow{BD}=$（　　）.
   A. $\overrightarrow{BC}$　　　B. $\overrightarrow{AB}$　　　C. $\overrightarrow{DC}$　　　D. $\overrightarrow{BA}$

3. 已知向量 $\vec{a}$、$\vec{b}$，$|\vec{a}|=2$，$|\vec{b}|=6$，$\vec{a}$ 与 $\vec{b}$ 的夹角为 $60°$，则 $\vec{a}\cdot\vec{b}=$（　　）.
   A. $6\sqrt{3}$　　　B. 6　　　C. $3\sqrt{3}$　　　D. 3

4. 已知向量 $\overrightarrow{AB}=(2,1)$ 和点 $A(-3,2)$，则 B 点的坐标为（　　）.

   A. (3,–1)　　　　B. (–3,1)　　　　C. (–1,3)　　　　D. 3

5. 已知向量 $\vec{a}=(3,y)$ 且 $|\vec{a}|=5$，则 $y=$（　　）.

   A. 4　　　　B. ±2　　　　C. ±4　　　　D. ±5

6. 已知向量 $\vec{a}=(-3,2)$，$\vec{b}=(5,1)$，则 $\vec{a}\cdot\vec{b}=$（　　）.

   A. –13　　　　B. 7　　　　C. 13　　　　D. –7

7. 已知 $\vec{a}=(3,1)$，$\vec{b}=(-1,x)$，且 $\vec{a}//\vec{b}$，则 $x=$（　　）.

   A. –3　　　　B. 3　　　　C. $-\dfrac{1}{3}$　　　　D. $\dfrac{1}{3}$

8. 若 $\vec{a}=(-\sqrt{3},-1)$，$\vec{b}=(1,\sqrt{3})$，则 $\langle\vec{a},\vec{b}\rangle=$（　　）.

   A. 150°　　　　B. 120°　　　　C. 60°　　　　D. 30°

9. 已知 $\vec{a}=(2,3)$，$\vec{b}=(-1,2)$，则 $2\vec{a}-3\vec{b}=$（　　）.

   A. (1,5)　　　　B. (7,0)　　　　C. (1,0)　　　　D. (3,1)

10. 下列向量中，与 $\vec{a}=(3,5)$ 垂直的向量是（　　）.

    A. (–5,3)　　　　B. (6,–10)　　　　C. (–5,–3)　　　　D. (3,5)

11. 下列物理量中，不是向量的是（　　）.

    A. 速度　　　　B. 力　　　　C. 位移　　　　D. 路程

12. $(\overrightarrow{AB}-\overrightarrow{CD})-(\overrightarrow{AC}-\overrightarrow{BD})=$（　　）.

    A. 0　　　　B. $\vec{0}$　　　　C. $2\overrightarrow{AD}$　　　　D. $\overrightarrow{AD}$

13. 已知 $\vec{a}=(5,-4)$，$\vec{b}=(-3,3)$，$\vec{c}=3\vec{a}-2\vec{b}$，则 $\vec{c}=$（　　）.

    A. (21,–18)　　　　B. (–21,18)　　　　C. (3,0)　　　　D. (9,–18)

14. 已知 $P(2,-2)$，$Q(3,2)$，则 $\overrightarrow{PQ}=$（　　）.

    A. (5,4)　　　　B. (–1,–4)　　　　C. (1,4)　　　　D. (4,1)

15. 已知三点 $P(-3,m)$，$Q(3,-1)$，$R(-5,3)$ 共线，则 m 的值为（　　）.

    A. –2　　　　B. 5　　　　C. 2　　　　D. –5

16. 若 $\vec{a}=(3,4)$，$\vec{b}=(4,y)$，$\vec{a}\perp\vec{b}$，则 $y=$（　　）.

    A. –3　　　　B. 3　　　　C. –4　　　　D. 4

17. 已知 $\vec{a}=(3,y)$，$\vec{b}=(-2,1)$，$\vec{c}=(x,-1)$，若 $\vec{a}+\vec{b}+\vec{c}=\vec{0}$，$\vec{d}=(y,x)$，则 $\vec{d}=$（　　）.

    A. (0,–1)　　　　B. (0,1)　　　　C. (–1,0)　　　　D. (1,0)

18. 已知 $\overrightarrow{OA}=(3,2)$，$\overrightarrow{OB}=(-4,y)$，且 $\overrightarrow{OA}\perp\overrightarrow{OB}$，则 $|\overrightarrow{OB}|=$（　　）.

    A. $\sqrt{13}$　　　　B. $4\sqrt{13}$　　　　C. $2\sqrt{13}$　　　　D. $\sqrt{11}$

19. 与向量 $\vec{a}=(2,2)$ 方向相同的单位向量是（　　）.

    A. (1,1)　　　　B. $\left(\dfrac{\sqrt{2}}{2},\dfrac{\sqrt{2}}{2}\right)$　　　　C. $\left(\dfrac{1}{2},\dfrac{1}{2}\right)$　　　　D. $\left(-\dfrac{1}{2},-\dfrac{1}{2}\right)$

20. 若 $|\overrightarrow{AB}|=2$，$|\overrightarrow{BC}|=3$，则 $|\overrightarrow{AC}|$ 的取值范围是（　　）.

    A．[1,5]　　　　B．(1,5)　　　　C．[1,2]　　　　D．(1,2)

21. 若 $|\vec{a}|=1$，$|\vec{b}|=\sqrt{2}$，且 $(\vec{a}-\vec{b})\perp\vec{a}$，则 $\langle\vec{a},\vec{b}\rangle=$（　　）.

    A．30°　　　　B．45°　　　　C．60°　　　　D．75°

22. 若 $\vec{a}=(m,2)$，$\vec{b}=(m+1,6)$，则 $\vec{a}//\vec{b}$ 的充要条件是（　　）.

    A．$m=\dfrac{1}{4}$　　B．$m=-\dfrac{1}{4}$　　C．$m=-\dfrac{1}{2}$　　D．$m=\dfrac{1}{2}$

23. 已知 $A(-1,2)$，$B(3,4)$，$P(x,y)$ 在 $\overrightarrow{AB}$ 上，且 $2\overrightarrow{AP}=\overrightarrow{PB}$，则点 P 的坐标为（　　）.

    A．$\left(\dfrac{4}{3},\dfrac{8}{3}\right)$　　B．$\left(\dfrac{1}{3},\dfrac{4}{3}\right)$　　C．$\left(\dfrac{4}{3},4\right)$　　D．$\left(\dfrac{1}{3},\dfrac{8}{3}\right)$

24. 在平行四边形 $ABCD$ 中，E 在边 DC 上，且 $CE=2DE$，若 $\overrightarrow{AB}=\vec{a}$，$\overrightarrow{AD}=\vec{b}$，则 $\overrightarrow{BE}=$（　　）.

    A．$\dfrac{4}{3}\vec{a}+\vec{b}$　　B．$\dfrac{2}{3}\vec{a}+\vec{b}$　　C．$\dfrac{1}{3}\vec{a}+\vec{b}$　　D．$-\dfrac{2}{3}\vec{a}+\vec{b}$

25. 已知向量 $\vec{a}=(1,3)$ 与 $\vec{b}=(6,K)$ 共线，则实数 $K=$（　　）.

    A．2　　　　B．-2　　　　C．18　　　　D．-18

26. 已知向量 $\vec{a}$、$\vec{b}$ 的夹角 $\langle\vec{a},\vec{b}\rangle=\dfrac{\pi}{3}$，$|\vec{a}|=2$，$|\vec{b}|=3$，则 $(2\vec{a}-\vec{b})\cdot\vec{a}=$（　　）.

    A．2　　　　B．3　　　　C．4　　　　D．5

27. 已知向量 $\vec{a}=(x,4)$ 与 $\vec{b}=(2,-1)$ 垂直，则 $x=$（　　）.

    A．-8　　　　B．8　　　　C．-2　　　　D．2

28. 已知 $\vec{a}=(m,2)$，$\vec{b}=(-3,4)$，$\langle\vec{a},\vec{b}\rangle$ 为锐角，则 m 的取值范围为（　　）.

    A．$m\geqslant\dfrac{3}{2}$　　B．$m<\dfrac{8}{3}$　　C．$m<0$　　D．$m>0$

29. 已知向量 $\vec{a}=(1,2)$，$\vec{b}=(x,4)$，则 $x=2$ 是 $\vec{a}//\vec{b}$ 的（　　）.

    A．充分不必要条件　　　　　　B．必要不充分条件

    C．充要条件　　　　　　　　　D．既不充分也不必要条件

30. 若四边形 $ABCD$ 满足 $\overrightarrow{BC}=2\overrightarrow{AD}$，则四边形 $ABCD$ 是（　　）.

    A．梯形　　　B．平行四边形　　　C．菱形　　　D．矩形

31. 给出下列四个命题：

① 共线向量的方向一定相同.

② 两个有共同起点的相等向量，其终点必相同.

③ 任一非零向量都可以平行移动.

④ 所有单位向量都相等.

    其中真命题的个数是（　　）.

    A．1　　　　B．2　　　　C．3　　　　D．4

32. 若 $|\vec{a}|=2$, $|\vec{b}|=1$, $\vec{a} \cdot \vec{b}=\sqrt{3}$，则 $\vec{a}$ 与 $\vec{b}$ 的夹角为（　　）．

　　A．30°　　　　B．60°　　　　C．45°　　　　D．90°

33. 已知 $\vec{a}=(\lambda,2)$, $\vec{b}=(-3,5)$，且 $\vec{a}$ 与 $\vec{b}$ 的夹角是钝角，则 λ 的取值范围是（　　）．

　　A．$\left[\dfrac{10}{3},+\infty\right)$　　B．$\left(\dfrac{10}{3},+\infty\right)$　　C．$\left(-\infty,\dfrac{10}{3}\right)$　　D．$\left(-\infty,\dfrac{10}{3}\right]$

34. 若 $|\vec{a}|=4$, $|\vec{b}|=3$, $\langle\vec{a},\vec{b}\rangle=60°$，则 $|\vec{a}+\vec{b}|=$（　　）．

　　A．37　　　　B．13　　　　C．$\sqrt{37}$　　　　D．$\sqrt{13}$

35. 已知向量 $|\vec{a}-\vec{b}|=\sqrt{13}$, $|\vec{a}|=4$, $|\vec{b}|=1$，则 $\vec{a}\cdot\vec{b}=$（　　）．

　　A．-5　　　　B．-2　　　　C．5　　　　D．2

36. 若向量 $\vec{a}=(1,-3)$, $\vec{b}=(4,-2)$，且 $\vec{a}$ 与 $k\vec{a}+\vec{b}$（$k\in\mathbf{R}$）垂直，则 $k=$（　　）．

　　A．-1　　　　B．1　　　　C．-2　　　　D．2

37. 已知 $\vec{a}$、$\vec{b}$ 为平面向量，$\vec{a}=(4,3)$, $2\vec{a}+\vec{b}=(3,18)$，则 $\cos\langle\vec{a},\vec{b}\rangle=$（　　）．

　　A．$\dfrac{8}{65}$　　　　B．$-\dfrac{8}{65}$　　　　C．$\dfrac{16}{65}$　　　　D．$-\dfrac{16}{65}$

38. 在平行四边形 $ABCD$ 中，设 $\overrightarrow{AB}=\vec{a}$, $\overrightarrow{AD}=\vec{b}$, $\overrightarrow{AC}=\vec{c}$, $\overrightarrow{BD}=\vec{d}$，则下列等式不正确的是（　　）．

　　A．$\vec{a}+\vec{b}=\vec{c}$　　B．$\vec{a}-\vec{b}=\vec{d}$　　C．$\vec{b}-\vec{a}=\vec{d}$　　D．$\vec{c}-\vec{d}=2\vec{a}$

39. 若向量 $\vec{a}=(1,1)$, $\vec{b}=(2,5)$, $\vec{c}=(3,x)$ 满足条件 $(8\vec{a}-\vec{b})\cdot\vec{c}=30$，则 $x=$（　　）．

　　A．6　　　　B．5　　　　C．4　　　　D．3

40. 设向量 $\vec{a}=(1,0)$, $\vec{b}=\left(\dfrac{1}{2},\dfrac{1}{2}\right)$，则下列结论正确的是（　　）．

　　A．$|\vec{a}|=|\vec{b}|$　　B．$\vec{a}\cdot\vec{b}=\dfrac{\sqrt{2}}{2}$　　C．$\vec{a}/\!/\vec{b}$　　D．$\vec{a}-\vec{b}$ 与 $\vec{b}$ 垂直

41. 已知 $\vec{a}=(1,0)$, $\vec{b}=(x,1)$，若 $\vec{a}\cdot\vec{b}=\sqrt{3}$，则 $x=$（　　）．

　　A．$\sqrt{2}$　　　　B．$2\sqrt{2}$　　　　C．$\sqrt{3}-1$　　　　D．$\sqrt{3}$

42. 已知 $\vec{a}=(2,3)$, $\vec{b}=(-1,2)$，若 $m\vec{a}+4\vec{b}$ 与 $\vec{a}-2\vec{b}$ 共线，则 $m=$（　　）．

　　A．$\dfrac{1}{2}$　　　　B．2　　　　C．$-\dfrac{1}{2}$　　　　D．-2

43. 若非零向量 $\vec{a}$、$\vec{b}$ 满足 $|\vec{a}|=|\vec{b}|$, $(2\vec{a}+\vec{b})\cdot\vec{b}=0$，则 $\langle\vec{a},\vec{b}\rangle=$（　　）．

　　A．30°　　　　B．60°　　　　C．120°　　　　D．150°

44. 已知 $\vec{a}=(3,4)$, $\vec{b}=(\sin A,\cos A)$，且 $\vec{a}\perp\vec{b}$，则 $\tan A=$（　　）．

　　A．$\dfrac{3}{4}$　　　　B．$-\dfrac{3}{4}$　　　　C．$\dfrac{4}{3}$　　　　D．$-\dfrac{4}{3}$

45. 给定两个向量 $\vec{a}=(3,4)$, $\vec{b}=(2,1)$，若 $(\vec{a}+x\vec{b})\perp(\vec{a}-\vec{b})$，则 x 的值为（　　）．

　　A．-3　　　　B．$\dfrac{3}{2}$　　　　C．3　　　　D．$-\dfrac{3}{2}$

46. 已知 $\vec{a}=(2,4)$，$\vec{b}=(3,1)$，$\vec{c}=(8,6)$，则 $\vec{a}$、$\vec{b}$、$\vec{c}$ 的关系是（　　）.

　　A．$\vec{c}=\vec{a}+\vec{b}$　　B．$\vec{c}=2\vec{a}+\vec{b}$　　C．$\vec{c}=2\vec{a}-\vec{b}$　　D．$\vec{c}=\vec{a}+2\vec{b}$

47. 下列说法错误的是（　　）.

　　A．单位向量的模一定相等

　　B．互为负向量的模一定相等

　　C．零向量的方向是不确定的

　　D．长度不等且方向相反的两个向量不是共线向量

48. 若向量 $\vec{a}$、$\vec{b}$ 满足 $|\vec{a}|=|\vec{b}|=1$，$\langle\vec{a},\vec{b}\rangle=60°$，则 $\vec{a}\cdot\vec{a}+\vec{a}\cdot\vec{b}=$（　　）.

　　A．$\dfrac{1}{2}$　　B．$\dfrac{3}{2}$　　C．$1+\dfrac{\sqrt{3}}{2}$　　D．2

49. 已知三点 $A(2,1)$、$B(3,2)$、$C(-1,4)$，则 △ABC 是（　　）.

　　A．锐角三角形　　B．钝角三角形　　C．直角三角形　　D．以上都不对

50. 已知向量 $\vec{i}=(1,0)$，$\vec{j}=(0,1)$，则与 $2\vec{i}+\vec{j}$ 垂直的向量是（　　）.

　　A．$2\vec{i}-\vec{j}$　　B．$\vec{i}-2\vec{j}$　　C．$\vec{i}-\vec{j}$　　D．$\vec{i}+2\vec{j}$

二、填空题

1. 平面向量定义的要素是_____.
2. $(\overrightarrow{AB}-\overrightarrow{CD})-(\overrightarrow{AC}-\overrightarrow{BD})=$_____.
3. $\overrightarrow{AB}+\overrightarrow{CD}+\overrightarrow{BC}+\overrightarrow{DE}$ 的相反向量是_____.
4. 已知点 O 为 △ABC 内的一点，且 $(\overrightarrow{OB}-\overrightarrow{OC})\cdot(\overrightarrow{OB}+\overrightarrow{OC}-2\overrightarrow{OA})=0$，则 △ABC 的形状是_____.
5. 已知正方形 $ABCD$ 的边长为1，则 $\overrightarrow{AB}+\overrightarrow{BC}+\overrightarrow{DC}+\overrightarrow{AD}$ 的长度为_____.
6. 与向量 $\vec{a}=(5,12)$ 共线的单位向量是_____.
7. 已知向量 $\vec{a}=(-1,1)$，$\vec{a}+\vec{b}=(3,4)$，则向量 $\vec{b}$ 的坐标为_____.
8. 已知向量 $\vec{a}=(1,\sqrt{3})$，$\vec{b}=(-2,0)$，则 $|\vec{a}+\vec{b}|=$_____.
9. 已知 $|\vec{a}|=3$，$|\vec{b}|=5$，若 $\vec{a}//\vec{b}$，则 $\vec{a}\cdot\vec{b}=$_____.
10. 设向量 $\vec{a}=(3,3)$，$2\vec{b}-\vec{a}=(-1,1)$，$\vec{a}$ 与 $\vec{b}$ 的夹角为 θ，则 $\cos\theta=$_____.
11. 若向量 $\vec{m}=(1,-2)$，$\vec{n}=(3,-1)$，则 $\vec{m}$ 与 $\vec{n}$ 的夹角为_____.
12. 已知 $|\vec{a}|=3$，$|\vec{b}|=2$，且 $\vec{a}\cdot\vec{b}=-3$，则 $\vec{a}$ 与 $\vec{b}$ 的夹角为_____.
13. 已知向量 $\vec{a}=(3,1)$，$\vec{b}=(1,3)$，$\vec{c}=(k,2)$，若 $(\vec{a}-\vec{c})\perp\vec{b}$，则 $k=$_____.
14. 在 △ABC 中，若 $|\overrightarrow{AB}|=2$，$|\overrightarrow{AC}|=3$，D 是 BC 的中点，则 $\overrightarrow{AD}\cdot\overrightarrow{BC}=$_____.
15. 下列 6 个命题：①零向量没有方向；②若 $|\vec{a}|=|\vec{b}|$，则 $\vec{a}=\vec{b}$；③单位向量都相等；④向量就是有向线段；⑤若两个相等向量的起点相同，则终点也相同；⑥若 $\vec{a}=\vec{b}$，$\vec{b}=\vec{c}$，则 $\vec{a}=\vec{c}$．其中正确的序号是_____.
16. 若向量 $\vec{a}=(1,1)$，$\vec{b}=(-1,-1)$，则 $\vec{a}+\vec{b}=$_____，$\vec{a}\cdot\vec{b}=$_____.

17. 若向量 $\vec{a}=(1,\sqrt{3})$，$\vec{b}=(\sqrt{3},1)$，则 $3\vec{a}\cdot\vec{b}=$ _____，$\vec{a}$ 与 $\vec{b}$ 的夹角为 _____．

18. 已知点 $A(2,1)$，$B(-3,-2)$，且 $\overrightarrow{AM}=\dfrac{2}{3}\overrightarrow{AB}$，则点 M 的坐标为 _____．

19. 已知向量 $\vec{a}=(-3,2)$ 与 $\vec{b}=(6,-\lambda)$ 共线，则实数 λ 的值为 _____．

20. 已知向量 $\vec{a}=(3,1)$，$\vec{b}=(-2,1)$，则 $|2\vec{a}-\vec{b}|=$ _____．

21. 设向量 $\vec{a}=(1,m)$，$\vec{b}=(2,m-3)$，且 $\vec{a}\perp\vec{b}$，则实数 $m=$ _____．

22. 已知向量 $2\vec{a}$ 的坐标为 $(-4,2)$，则向量 $\vec{a}$ 的坐标为 _____．

23. 若向量 $\vec{a}+\vec{b}$ 和 $\vec{a}-\vec{b}$ 的坐标分别为 $(10,7)$，$(6,-3)$，则向量 $\vec{a}$ 的坐标为 _____，向量 $\vec{b}$ 的坐标为 _____．

24. 已知向量 $\vec{a}=(1,2)$，$\vec{b}=(2,-1)$，则 $|2\vec{a}+\vec{b}|=$ _____．

25. 已知向量 $\vec{a}=(-1,3)$，$\vec{b}=(x,-1)$，且它们是共线向量，则 $x=$ _____．

26. 若向量 $\vec{a}=(1,1)$ 与 $\vec{b}=(2,y)$ 垂直，则实数 y 的值为 _____．

27. 设向量 $\vec{a}=(4,3)$，$\vec{b}=(\lambda,6)$，$\vec{c}=(-1,\mu)$，若 $\vec{a}+\vec{b}=\vec{c}$，则 $\lambda=$ _____，$\mu=$ _____．

28. 已知三点 $P(-5,3)$，$Q(3,-1)$，$R(x,-3)$，若它们共线，则 $x=$ _____．

29. 已知点 $A(0,1)$，$B(1,2)$，若点 P 满足 $\overrightarrow{AP}=\dfrac{2}{3}\overrightarrow{AB}$，则点 P 的坐标为 _____．

30. 在菱形 $ABCD$ 中，$\angle DAB=60°$，$\overrightarrow{AB}=1$，则 $|\overrightarrow{BC}+\overrightarrow{DC}|=$ _____．

三、解答题

1. 化简：（1）$2(3\vec{a}-2\vec{b})+3(\vec{a}+5\vec{b})-5(4\vec{b}-\vec{a})$；

（2）$\dfrac{1}{6}[2(2\vec{a}+8\vec{b})-4(4\vec{a}-2\vec{b})]$．

2. 已知点 D 是 $\triangle ABC$ 的边 AB 的中点，设向量 $\overrightarrow{AB}=\vec{a}$，$\overrightarrow{BC}=\vec{b}$，试用向量 $\vec{a}$、$\vec{b}$ 表示向量 $\overrightarrow{CD}$．

3．已知在平行四边形 $ABCD$ 中，对角线 AC 与 BD 相交于点 O，设 $\overrightarrow{OA}=\vec{a}$，$\overrightarrow{OB}=\vec{b}$，试用向量 $\vec{a}$、$\vec{b}$ 表示向量 $\overrightarrow{AB}$ 和 $\overrightarrow{AD}$．

4．已知向量 $\vec{a}=(-2,2)$，$\vec{b}=(2,3)$．求：
（1）$2\vec{a}+\vec{b}$；

（2）$\vec{a}-\vec{b}$；

（3）$|\vec{a}+\vec{b}|$．

5．已知向量 $\vec{a}=(1,2)$，$\vec{b}=(x,1)$，$\vec{u}=\vec{a}+2\vec{b}$，$\vec{v}=2\vec{a}-\vec{b}$，且 $\vec{u}//\vec{v}$，求实数 x 的值．

6. 已知点 $A(-1,2)$，$B(2,8)$，向量 $\overrightarrow{AC}=\dfrac{1}{2}\overrightarrow{AB}$，$\overrightarrow{DA}=-\dfrac{1}{3}\overrightarrow{BA}$，求点 C、D 和向量 $\overrightarrow{CD}$ 的坐标．

7. 已知向量 $\vec{a}$、$\vec{b}$ 满足 $|\vec{a}|=13$，$|\vec{b}|=19$，$|\vec{a}+\vec{b}|=24$，求 $|\vec{a}-\vec{b}|$．

8. 设 O 为坐标原点，向量 $\overrightarrow{OA}=(3,1)$，$\overrightarrow{OB}=(-1,2)$，且 $\overrightarrow{OC}\perp\overrightarrow{OB}$，$\overrightarrow{BC}\mathbin{/\mkern-5mu/}\overrightarrow{OA}$，试求点 C 的坐标．

9. 已知向量 $\vec{a}=(2,-1)$，$\vec{b}=(-1,m)$，$\vec{c}=(-1,2)$，若 $(\vec{a}+\vec{b})\mathbin{/\mkern-5mu/}\vec{c}$，求实数 m 的值．

10. 已知点 $A(2,1)$，$B(3,2)$，$C(-1,4)$，证明：$AB \perp AC$．

11. 已知 $|\vec{a}|=4$，$|\vec{b}|=3$，$(2\vec{a}-3\vec{b}) \cdot (2\vec{a}+\vec{b})=61$．求：
（1）向量 $\vec{a}$ 与 $\vec{b}$ 的夹角；

（2）求 $|\vec{a}+\vec{b}|$ 的值．

12. 已知平行四边形 $ABCD$ 的顶点 $A(-2,-5)$，$B(3,-2)$，$C(1,4)$，求顶点 D 的坐标及向量 $\overrightarrow{AC}$、$\overrightarrow{BD}$ 的坐标．

13. 如果三点 $A(1,-2)$，$B(4,a)$，$C(-2,a-1)$ 在同一条直线上，求实数 a 的值．

14. 已知三点 $A(1,2)$，$B(2,3)$，$C(-2,5)$，试判断由这三点构成的三角形的形状．

15. 已知向量 $\vec{a}=(1,2)$，$\vec{b}=(-3,2)$，当实数 k 为何值时，（1）$k\vec{a}+\vec{b}$ 与 $\vec{a}-3\vec{b}$ 垂直？（2）$k\vec{a}+\vec{b}$ 与 $\vec{a}-3\vec{b}$ 平行？

第八章

直线和圆的方程

第一部分　考纲解读

一、知识内容

1．直线的点向式方程，直线的斜率，直线方程的点斜式、斜截式、一般式．

2．平面上两条直线的位置关系，平面上两条直线垂直的条件，平面上两条直线的夹角，点到直线的距离．

3．圆的方程，圆与直线的位置关系．

二、具体要求

1．了解直线的点向式方程，理解直线的倾斜角、斜率和截距的概念，掌握公式
$$k = \frac{y_2 - y_1}{x_2 - x_1}$$

2．掌握直线方程的点斜式、斜截式和一般式．

3．了解平面上两条直线的夹角的概念，掌握平面上两条直线的位置关系．

4．掌握点到直线的距离公式．

5．理解确定圆的条件，掌握圆的标准方程和一般方程．

6．掌握圆与直线的位置关系．

第二部分　真题解析

【例1】（2019.5）过点 $(-2,1)$ 作直线 $3x - y + 1 = 0$ 的垂线，则垂足的坐标为（　　）．

A．$(-1,-2)$　　　B．$\left(-\frac{1}{5}, \frac{2}{5}\right)$　　　C．$\left(\frac{1}{5}, -\frac{2}{5}\right)$　　　D．$\left(\frac{1}{5}, \frac{2}{5}\right)$

分析：先求过点 $(-2,1)$ 的直线 $3x - y + 1 = 0$ 的垂线方程，再联立方程求交点坐标．

解析：直线 $3x - y + 1 = 0$ 的斜率为 $k = 3$，根据直线垂直时斜率乘积等于 -1 可得垂线斜

率为 $k'=-\dfrac{1}{3}$.

利用直线方程点斜式可得，垂线方程为 $y-1=-\dfrac{1}{3}(x+2)$，即 $x+3y-1=0$.

由 $\begin{cases}x+3y-1=0\\3x-y+1=0\end{cases}$ 解得 $\begin{cases}x=-\dfrac{1}{5}\\y=\dfrac{2}{5}\end{cases}$，垂足坐标为 $\left(-\dfrac{1}{5},\dfrac{2}{5}\right)$，故选 B.

变式训练 1（2021.5）点 $(-1,2)$ 关于直线 $x-y+1=0$ 的对称点的坐标为（　　）.

    A．$(1,-2)$　　　　B．$(2,-1)$　　　　C．$(0,2)$　　　　D．$(1,0)$

【例2】（2018.5）与直线 $3x+4y-7=0$ 垂直且相交于点 $(1,1)$ 的直线的方程是（　　）.

    A．$4x+3y-7=0$　　　　　　　　B．$4x-3y-1=0$

    C．$3x-4y+1=0$　　　　　　　　D．$3x+4y+2=0$

解法 1：直线 $3x+4y-7=0$ 的斜率 $k=-\dfrac{3}{4}$，所以所求直线的斜率 $k'=\dfrac{4}{3}$；则直线的点斜式方程为 $y-1=\dfrac{4}{3}(x-1)$，整理得 $4x-3y-1=0$，故选 B.

解法 2：设所求直线方程为 $4x-3y+m=0$，代入点 $(1,1)$ 解得 $m=-1$，因此直线方程为 $4x-3y-1=0$，故选 B.

解法 3：选择题用排除法，原直线斜率为 $k=-\dfrac{3}{4}$，所以所求直线的斜率 $k'=\dfrac{4}{3}$，根据斜率可排除选项 A、C、D，故选 B.

变式训练 2（2016.9）过点 $(1,2)$ 且与直线 $2x+y+1=0$ 垂直的直线的方程为（　　）.

    A．$x-2y+3=0$　　　　　　　　B．$x+2y-5=0$

    C．$2x-y=0$　　　　　　　　　　D．$2x+y-4=0$

变式训练 3（2015.6）以点 $A(1,3)$，$B(-5,1)$ 为端点的线段的垂直平分线的方程是（　　）.

    A．$3x-y+8=0$　　　　　　　　B．$2x-y-6=0$

    C．$12x+y+2=0$　　　　　　　　D．$3x+y+4=0$

变式训练 4（2017.3）过点 $(1,1)$ 且与直线 $2x+y-1=0$ 平行的直线的方程是（　　）.

    A．$x+2y-3=0$　　　　　　　　B．$x-2y+1=0$

    C．$2x+y-3=0$　　　　　　　　　D．$2x-y-1=0$

变式训练 5（2020.3）直线 $2x+y-5=0$ 与 $x-2y+5=0$ 的位置关系是（　　）.

    A．垂直　　　B．相交但不垂直　　　C．平行　　　D．重合

变式训练 6（2022.3）两条平行直线 $x+2y=0$ 与 $x+2y-\sqrt{5}=0$ 之间的距离是（　　）.

    A．1　　　　B．$\dfrac{\sqrt{5}}{2}$　　　　C．2　　　　D．$\sqrt{5}$

【例3】（2017.5）已知圆的方程为 $x^2+y^2-2x+2y-7=0$，则该圆的半径等于（　　）.

    A．9　　　　B．5　　　　C．3　　　　D．$\sqrt{5}$

解法 1：把圆的方程转化为标准式：$(x-1)^2+(y+1)^2=9$，所以圆的半径为 3，故选 C．

解法 2：利用圆的半径公式可得，圆 $x^2+y^2-2x+2y-7=0$ 的半径为 $r=\dfrac{1}{2}\times\sqrt{(-2)^2+2^2-4\times(-7)}=3$，故选 C．

变式训练 7（2015.2）圆 $(x+1)^2+(y-1)^2=2$ 的圆心坐标是（　　）．

    A．$(-1,1)$ B．$(1,1)$ C．$(-1,-1)$ D．$(1,-1)$

【例 4】（2016.6）直线 $x+y+1=0$ 与圆 $(x-1)^2+y^2=1$ 的位置关系是（　　）．

    A．相交且过圆心   B．相交不过圆心

    C．相切   D．相离

分析：利用直线与圆的位置关系判断方法：设圆心到直线的距离为 d，圆的半径为 r．当 $d>r$ 时，直线与圆相离；当 $d=r$ 时，直线与圆相切；当 $d<r$ 时，直线与圆相交．

解析：圆心 $(1,0)$ 到直线 $x+y+1=0$ 的距离 $d=\dfrac{|1+0+1|}{\sqrt{1+1}}=\sqrt{2}$，圆的半径 $r=1$，$d>r$，所以直线与圆相离，故选 D．

变式训练 8（2018.10）直线 $x+y-3\sqrt{2}-2=0$ 与圆 $(x-1)^2+(y-1)^2=25$ 相交于 P、Q 两点，则线段 PQ 的长度为（　　）．

    A．3   B．4   C．6   D．8

变式训练 9（2019.10）已知圆的方程为 $(x-3)^2+(y-4)^2=25$，则过点 $(6,8)$ 的圆的切线的斜率为（　　）．

    A．$\dfrac{4}{3}$ B．$\dfrac{3}{4}$ C．$-\dfrac{4}{3}$ D．$-\dfrac{3}{4}$

变式训练 10（2021.10）过点 $(5,5)$ 且与圆 $(x-1)^2+(y-2)^2=25$ 相切的直线的方程为（　　）．

    A．$4x-3y-5=0$ B．$3x+4y-35=0$

    C．$3x-4y+5=0$ D．$4x+3y-35=0$

【例 5】（2015.15）以 $(3,4)$ 为圆心且与直线 $4x+3y-9=0$ 相切的圆的方程是_____．

解析：因为直线与圆相切，所以圆的半径等于圆心到直线的距离，即 $r=d=\dfrac{|4\times 3+3\times 4-9|}{\sqrt{4^2+3^2}}=3$，则圆的方程为 $(x-3)^2+(y-4)^2=9$．

变式训练 11（2022.10）过点 $(2,-2)$，$(0,0)$ 且圆心在 x 轴上的圆的方程是（　　）．

    A．$(x+2)^2+y^2=2$ B．$(x+2)^2+y^2=4$

    C．$(x-2)^2+y^2=2$ D．$(x-2)^2+y^2=4$

变式训练 12（2020.10）圆心在 $(2,-1)$ 且与直线 $x-2y+1=0$ 相切的圆的方程为（　　）．

    A．$(x-2)^2+(y+1)^2=5$ B．$(x+2)^2+(y-1)^2=5$

    C．$(x-2)^2+(y+1)^2=\sqrt{5}$ D．$(x+2)^2+(y-1)^2=\sqrt{5}$

变式训练 13（2017.15）若半径为 5 的圆在 x 轴上方，且与 x 轴相切于原点，则该圆的方程是_____．

变式训练参考答案：

变式训练 1．D

变式训练 2．A

变式训练 3．D

变式训练 4．C

变式训练 5．A

变式训练 6．A

变式训练 7．A

变式训练 8．D

变式训练 9．D

变式训练 10．D

变式训练 11．D

变式训练 12．A

变式训练 13． $x^2+(y-5)^2=25$

第三部分　强化训练

一、选择题

1．已知点 $A(-5,2)$，$B(3,-2)$，则 A、B 两点间的距离为（　　）．

　　A．$4\sqrt{5}$　　　　B．$4\sqrt{3}$　　　　C．$2\sqrt{5}$　　　　D．$2\sqrt{3}$

2．已知点 $P(-1,2)$，$Q(3,a)$，并且 $|PQ|=\sqrt{41}$，则 a 的值为（　　）．

　　A．-3 或 7　　　B．3 或 -7　　　C．-2 或 5　　　D．2 或 -5

3．已知点 $A(4,-2)$，$B(2,-6)$，则线段 AB 中点的坐标为（　　）．

　　A．$(3,-4)$　　　B．$(1,2)$　　　C．$(3,4)$　　　D．$(1,-2)$

4．已知点 $M(-4,-7)$，线段 MN 中点的坐标为 $(2,-3)$，则点 N 的坐标为（　　）．

　　A．$(8,1)$　　　B．$(0,-13)$　　　C．$(-8,-1)$　　　D．$(8,-1)$

5．直线对 x 轴的倾斜角的取值范围是（　　）．

　　A．$(0°,180°)$　　B．$[0°,180°)$　　C．$[0°,180°]$　　D．$(0°,180°]$

6．垂直于 x 轴的直线的斜率为（　　）．

　　A．0　　　　　B．-1　　　　　C．1　　　　　D．不存在

7．垂直于 y 轴的直线的斜率为（　　）．

　　A．0　　　　　B．-1　　　　　C．1　　　　　D．不存在

8．倾斜角为 $150°$ 的直线的斜率为（　　）．

　　A．$\dfrac{1}{2}$　　　B．$-\dfrac{1}{2}$　　　C．$\dfrac{\sqrt{3}}{3}$　　　D．$-\dfrac{\sqrt{3}}{3}$

9. 已知直线 l 的斜率为 $-\sqrt{3}$，则其倾斜角为（　　）.

   A．30°　　B．60°　　C．120°　　D．150°

10. 已知直线 l 经过点 $A(-1,2)$，$B(3,2)$，则其斜率为（　　）.

    A．0　　B．4　　C．$-\dfrac{1}{3}$　　D．不存在

11. 过点 $(3,2)$，斜率为 5 的直线的方程是（　　）.

    A．$5x-y+13=0$　　　　B．$5x-y-13=0$
    C．$5x+y-13=0$　　　　D．$5x+y+13=0$

12. 在 y 轴上的截距为 -3，斜率为 4 的直线的方程是（　　）.

    A．$4x-y-3=0$　　　　B．$4x+y-3=0$
    C．$4x-y+3=0$　　　　D．$4x+y+3=0$

13. 在 x 轴上的截距为 2，倾斜角为 135° 的直线的方程是（　　）.

    A．$x-y-2=0$　　　　B．$x+y-2=0$
    C．$x-y+2=0$　　　　D．$x+y+2=0$

14. 直线 $2x-y+4=0$ 在 x 轴和 y 轴上的截距分别是（　　）.

    A．-2 和 4　　B．2 和 -4　　C．-2 和 -4　　D．2 和 4

15. 垂直于 x 轴且过点 $(-1,2)$ 的直线的方程是（　　）.

    A．$x=-1$　　B．$y=2$　　C．$y=2x$　　D．$x=2y$

16. 直线 $x+2y+1=0$ 与直线 $2x-4y-1=0$ 的位置关系是（　　）.

    A．相交　　B．平行　　C．重合　　D．相交且垂直

17. 若直线 $4x+8y-5=0$ 与直线 $2x+ky-5=0$ 平行，则 k 的值为（　　）.

    A．1　　B．-1　　C．4　　D．-4

18. 过点 $(1,3)$ 且与 x 轴平行的直线的方程是（　　）.

    A．$x=1$　　B．$y=1$　　C．$x=3$　　D．$y=3$

19. 过点 $(2,-5)$ 且与 y 轴平行的直线的方程是（　　）.

    A．$x=2$　　B．$y=2$　　C．$x=-5$　　D．$y=-5$

20. 若直线 $x-2y+5=0$ 与 $2x-4y+c=0$ 重合，则 c 的值是（　　）.

    A．5　　B．10　　C．-5　　D．-10

21. 过点 $P(3,-1)$ 且平行于直线 $x-2y+6=0$ 的直线的方程是（　　）.

    A．$x-2y+5=0$　　　　B．$x-2y-5=0$
    C．$2x-y+5=0$　　　　D．$2x+y-5=0$

22. 直线 $x+2y-2=0$ 与 $2x-y+6=0$ 的交点坐标是（　　）.

    A．$(-2,2)$　　B．$(2,-2)$　　C．$(2,0)$　　D．$(0,6)$

23. 若直线 $x+ay-3=0$ 与 $2x-y+1=0$ 相互垂直，则 a 的值是（　　）.

    A．-2　　B．2　　C．1　　D．-1

24. 过点 $P(1,-2)$ 且与直线 $x-3y-5=0$ 垂直的直线的方程是（　　）．
   A．$3x+y+1=0$　　　　　　　　B．$3x+y-1=0$
   C．$x-3y-7=0$　　　　　　　　D．$x-3y+7=0$

25. 坐标原点到直线 $3x-4y-5=0$ 的距离是（　　）．
   A．25　　　B．5　　　C．$\sqrt{5}$　　　D．1

26. 点 $P(-2,1)$ 到直线 $x-y+1=0$ 的距离是（　　）．
   A．$\sqrt{2}$　　　B．2　　　C．$\dfrac{\sqrt{2}}{2}$　　　D．1

27. 两条平行直线 $2x-y+3=0$ 与 $2x-y+2=0$ 之间的距离是（　　）．
   A．5　　　B．$\sqrt{5}$　　　C．$\dfrac{1}{5}$　　　D．$\dfrac{\sqrt{5}}{5}$

28. 以 $C(1,-2)$ 为圆心，半径为 5 的圆的标准方程是（　　）．
   A．$(x-1)^2+(y+2)^2=5$　　　　B．$(x-1)^2+(y-2)^2=25$
   C．$(x+1)^2+(y+2)^2=5$　　　　D．$(x-1)^2+(y+2)^2=25$

29. 已知点 $A(1,-1)$，$B(2,1)$，以线段 AB 为直径的圆的圆心坐标和半径分别为（　　）．
   A．$\left(\dfrac{3}{2},0\right)$ 和 $\sqrt{5}$　　　　B．$\left(\dfrac{3}{2},0\right)$ 和 $\dfrac{\sqrt{5}}{2}$
   C．$\left(\dfrac{1}{2},1\right)$ 和 $\sqrt{5}$　　　　D．$\left(\dfrac{1}{2},1\right)$ 和 $\dfrac{\sqrt{5}}{2}$

30. 圆 $x^2+y^2-4x+2y-4=0$ 的圆心坐标是（　　）．
   A．$(4,-2)$　　　B．$(-4,2)$　　　C．$(2,-1)$　　　D．$(-2,1)$

31. 经过三点 $A(1,2)$，$B(-1,1)$，$C(0,4)$ 的圆的方程是（　　）．
   A．$x^2+y^2+x-5y+4=0$　　　　B．$x^2+y^2-x-5y-4=0$
   C．$x^2+y^2+x+5y+4=0$　　　　D．$x^2+y^2-x-5y+4=0$

32. 已知圆 $x^2+y^2+ax+by-6=0$ 的圆心是 $(1,-2)$，则该圆的半径是（　　）．
   A．3　　　B．5　　　C．7　　　D．$\sqrt{11}$

33. 经过两点 $M(-1,1)$，$N(0,-2)$，且圆心在 x 轴上的圆的标准方程是（　　）．
   A．$(x+1)^2+y^2=5$　　　　　　B．$x^2+(y+1)^2=5$
   C．$(x-1)^2+y^2=5$　　　　　　D．$x^2+(y-1)^2=5$

34. 直线 $2x-y+5=0$ 与圆 $(x+1)^2+(y-3)^2=4$ 的位置关系是（　　）．
   A．相交且过圆心　　　　　　　B．相交且不过圆心
   C．相切　　　　　　　　　　　D．相离

35. 下列直线方程中，经过圆 $x^2+y^2-2x+6y-15=0$ 的圆心的是（　　）．
   A．$x-2y+1=0$　　　　　　　　B．$x+2y-1=0$
   C．$4x-y+1=0$　　　　　　　　D．$4x+y-1=0$

36. 经过圆 $x^2+y^2=5$ 上一点 $(1,-2)$ 的切线的方程是（   ）.

   A．$x-2y-5=0$ B．$x+2y-5=0$
   C．$x-2y+5=0$ D．$x+2y+5=0$

37. 已知点 $A(-3,2)$，线段 AB 的中点为 $C(2,-4)$，则端点 B 的坐标为（   ）.

   A．$(7,-10)$ B．$(1,-6)$ C．$(-7,10)$ D．$(-1,6)$

38. 经过点 $A(-2\sqrt{3},2)$，$B(-\sqrt{3},-1)$ 的直线的倾斜角为（   ）.

   A．$\dfrac{\pi}{3}$ B．$-\dfrac{\pi}{3}$ C．$\dfrac{7\pi}{6}$ D．$\dfrac{2\pi}{3}$

39. 已知点 $M(1,1)$，$N(2,\sqrt{3}+1)$，则直线 MN 的斜率和倾斜角分别为（   ）.

   A．$\sqrt{3}$ 和 $60°$ B．$\sqrt{3}$ 和 $120°$ C．$-\sqrt{3}$ 和 $60°$ D．$-\sqrt{3}$ 和 $120°$

40. 经过两点 $A(2,-1)$，$B(2,\sqrt{3})$ 的直线方程是（   ）.

   A．$x-2=0$ B．$y-2=0$ C．$x+2=0$ D．$y+2=0$

41. 经过点 $(2,0)$ 且倾斜角是直线 $x-\sqrt{3}y+\sqrt{3}=0$ 的倾斜角的 2 倍的直线方程是（   ）.

   A．$\sqrt{3}x-y-2\sqrt{3}=0$ B．$x-\sqrt{3}y-2=0$
   C．$\sqrt{3}x+y-2\sqrt{3}=0$ D．$x+\sqrt{3}y-2=0$

42. 经过点 $P(3,4)$ 且与直线 $3x-2y-7=0$ 垂直的直线的方程是（   ）.

   A．$3x+2y-18=0$ B．$2x+3y-18=0$
   C．$2x-3y+18=0$ D．$2x-3y-18=0$

43. 已知直线 l_1：$x-3y+4=0$，直线 l_2：$3x+y-1=0$，则直线 l_1 与 l_2 的位置关系是（   ）.

   A．平行   B．垂直   C．重合   D．相交但不垂直

44. 两条平行直线 $3x-4y-1=0$ 与 $3x-4y-6=0$ 间的距离为（   ）.

   A．$\dfrac{1}{5}$ B．1 C．$\dfrac{7}{5}$ D．2

45. 若圆的方程为 $x^2-4x+y^2+6y+9=0$，则该圆的圆心坐标和半径分别为（   ）.

   A．$(2,3)$ 和 4 B．$(2,-3)$ 和 4 C．$(2,-3)$ 和 2 D．$(-2,3)$ 和 2

46. 若直线 $y=x+b$ 经过圆 $x^2+y^2+4x-2y-4=0$ 的圆心，则 $b=$（   ）.

   A．-3 B．0 C．3 D．-2

47. 直线 $y=x+1$ 与圆 $(x+1)^2+(y-2)^2=9$ 的位置关系为（   ）.

   A．相离   B．相交但不过圆心
   C．相切   D．相交且过圆心

48. 经过点 $M(-\sqrt{3},\sqrt{2})$，$N(-\sqrt{2},\sqrt{3})$ 的直线的倾斜角为（   ）.

   A．$\dfrac{\pi}{4}$ B．$\dfrac{3\pi}{4}$ C．$\dfrac{\pi}{4}$ 或 $\dfrac{3\pi}{4}$ D．$-\dfrac{\pi}{4}$

49. 若直线 l 的斜率为 -2，且过点 $(3,-1)$，则直线 l 的方程为（   ）.

   A．$2x+y-5=0$ B．$2x+y+7=0$

C. $2x+y-7=0$ D. $-2x+y-5=0$

50. 直线 $3x+2y+6=0$ 的斜率为 k，在 y 轴上的截距为 b，则有（　　）.

   A. $k=-\dfrac{3}{2}$, $b=3$ B. $k=-\dfrac{2}{3}$, $b=-2$

   C. $k=-\dfrac{3}{2}$, $b=-3$ D. $k=-\dfrac{2}{3}$, $b=-3$

51. 若直线 l 的方程为 $Ax+By+C=0$，且其经过原点和第二、四象限，则（　　）.

   A. $\begin{cases}C=0\\B>0\end{cases}$ B. $\begin{cases}C=0\\B>0\\A>0\end{cases}$ C. $\begin{cases}C=0\\AB<0\end{cases}$ D. $\begin{cases}C=0\\AB>0\end{cases}$

52. 直线 $3x+5y-1=0$ 与 $4x+3y-5=0$ 的交点坐标为（　　）.

   A. $(-2,1)$ B. $(-3,2)$ C. $(2,-1)$ D. $(3,-2)$

53. 直线 l_1: $x-y+6=0$ 与直线 l_2: $x+y+6=0$ 的夹角是（　　）.

   A. $\dfrac{\pi}{4}$ B. $\dfrac{3\pi}{4}$ C. 0 D. $\dfrac{\pi}{2}$

54. 已知点 $A(-4,-5)$, $B(6,-1)$，则以线段 AB 为直径的圆的标准方程是（　　）.

   A. $(x+1)^2+(y-3)^2=29$ B. $(x-1)^2+(y+3)^2=29$

   C. $(x+1)^2+(y-3)^2=116$ D. $(x-1)^2+(y+3)^2=116$

55. 二元二次方程 $x^2+y^2+2x-4y-6=0$ 表示的图形是（　　）.

   A. 以 $(1,-2)$ 为圆心，$\sqrt{11}$ 为半径的圆

   B. 以 $(1,2)$ 为圆心，$\sqrt{11}$ 为半径的圆

   C. 以 $(-1,-2)$ 为圆心，$\sqrt{11}$ 为半径的圆

   D. 以 $(-1,2)$ 为圆心，$\sqrt{11}$ 为半径的圆

56. 如果两条不重合的直线 l_1、l_2 的斜率都不存在，那么（　　）.

   A. $l_1\perp l_2$ B. l_1 与 l_2 相交但不垂直

   C. $l_1\mathbin{/\mkern-5mu/} l_2$ D. 无法判定

57. 若点 $P(2,m)$ 到直线 $3x-4y+2=0$ 的距离为 4，则 m 的值为（　　）.

   A. $m=-3$ B. $m=7$

   C. $m=-3$ 或 $m=7$ D. $m=3$ 或 $m=7$

58. 直线 l：$3x+4y+12=0$ 与圆 $(x-1)^2+(y+1)^2=9$ 的位置关系为（　　）.

   A. 相交 B. 相离 C. 相切 D. 无法确定

59. 经过两点 $(3,5)$ 和 $(-3,7)$，并且圆心在 x 轴上的圆的标准方程为（　　）.

   A. $x^2+(y+1)^2=9$ B. $(x-2)^2+y^2=26$

   C. $(x-2)^2+(y+1)^2=9$ D. $(x+2)^2+y^2=50$

60. 半径为 3 且与 y 轴相切于原点的圆的标准方程为（　　）.

   A. $(x-3)^2+y^2=9$ B. $(x+3)^2+y^2=9$

   C. $x^2+(y+3)^2=9$ D. $(x-3)^2+y^2=9$ 或 $(x+3)^2+y^2=9$

二、填空题

1. 已知点 $M(4,-6)$、$N(-2,4)$，则线段 MN 中点的坐标为_____．

2. 已知 $\triangle ABC$ 的三个顶点 $A(0,2)$、$B(3,-1)$、$C(-1,-5)$，则 BC 边上的中线 AD 的长为_____．

3. 已知直线 l 过点 $M(1,3)$，且其倾斜角为 $\dfrac{2}{3}\pi$，则 l 的点斜式方程为_____．

4. 若直线 l 过点 $P_1(-3,2)$、$P_2(1,3)$，则 l 的一般式方程为_____．

5. 已知直线 l 在 x 轴和 y 轴上的截距分别为 2 和 -5，则 l 的一般式方程为_____．

6. 直线 $3x+4y-12=0$ 与两坐标轴围成的三角形面积是_____．

7. 直线 $x-\sqrt{2}y+\sqrt{3}=0$ 与 $\sqrt{2}x-y+3=0$ 的位置关系是_____．

8. 平行于直线 $2x+5y-7=0$ 且在 y 轴上的截距为 3 的直线的方程是_____．

9. 经过两条直线 $2x-y-8=0$ 与 $x-2y+3=0$ 的交点，且平行于直线 $3x-5y+7=0$ 的直线的方程是_____．

10. 已知点 $A(2,5)$、$B(-4,-1)$，以线段 AB 为直径的圆的标准方程是_____．

11. 与圆 $x^2+y^2+6x-2y-15=0$ 的圆心相同，且过点 $(-2,3)$ 的圆的标准方程是_____．

12. 圆心为 $(-2,1)$ 且与直线 $3x+4y-23=0$ 相切的圆的标准方程是_____．

13. 若直线 l 经过点 $A(1,2)$ 且在两坐标轴上的截距相等，则直线 l 的方程为_____．

14. 如果 $\triangle ABC$ 的三个顶点为 $A(0,2)$、$B(4,1)$、$C(-2,4)$，则它的面积是_____．

15. 若直线 $y=kx+2$ 与圆 $(x-2)^2+(y-3)^2=1$ 有两个不同的交点，则实数 k 的取值范围是_____．

16. 在 y 轴上的截距为 -6，且与 y 轴相交成 $45°$ 角的直线的方程是_____．

17. 设点 $P(-3,1)$、$Q(-5,3)$，则直线 PQ 的斜率为_____，倾斜角为_____．

18. 若直线 l 的倾斜角 $\alpha=45°$，且其经过点 $M(2,1)$，则此直线的方程为_____．

19. 直线 $x-2y+6=0$ 在 x 轴与 y 轴上的截距分别是_____．

20. 经过点 $(-1,0)$ 且垂直于直线 $x+2y-1=0$ 的直线的方程为_____．

21. 点 $(2,1)$ 到直线 $3x-4y+7=0$ 的距离为_____．

22. 经过点 $(2,1)$ 且平行于直线 $x=-3$ 的直线的方程为_____．

23. 若经过点 $A(-1,m)$、$B(m,6)$ 的直线与直线 $l: x-2y+1=0$ 垂直，则 $m=$_____．

24. 圆心为坐标原点，半径为 3 的圆的标准方程是_____．

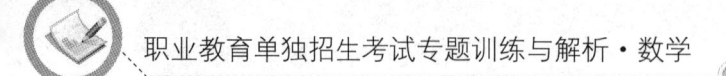

25. 圆 $x^2+y^2-4x=0$ 的圆心坐标为_____，半径为_____．

26. 已知点 $A(4,3)$、$B(6,-1)$，则以线段 AB 为直径的圆的标准方程为_____．

27. 若圆 $x^2+y^2=m$ 经过点 $(3,1)$，则圆的半径 $r=$_____．

28. 如果直线 $2x-y+m=0$ 与圆 $x^2+(y-2)^2=5$ 相切，那么 $m=$_____．

29. 以点 $(-1,2)$ 为圆心的圆，如果有一条直径的两端分别在两坐标轴上，则该圆的标准方程为_____．

30. 以点 $(2,-3)$ 为圆心，且与直线 $x+y-1=0$ 相切的圆的标准方程为_____．

三、解答题

1. 已知 $\triangle ABC$ 的三个顶点分别为 $A(-2,2)$、$B(4,-6)$、$C(3,1)$，求 AB 边上的中线 CD 的长度．

2. 已知 $P(4,2)$、$Q(a,5)$，并且 $|PQ|=3\sqrt{2}$，求 a 的值．

3. 根据下列条件，求直线方程．
（1）斜率为 $-\sqrt{3}$，且在 y 轴上的截距为 5；
（2）经过点 $M(2,-1)$ 和点 $N(-4,3)$．

4．已知△ABC的三个顶点为A(2,1)、B(6,-2)、C(0,-1)，求BC边上的中线所在的直线的方程．

5．已知直线l在x轴上的截距是-2，它与两坐标轴围成的三角形面积为6，试求直线l的方程．

6．已知直线m经过点(2,1)，且与直线$x-y+1=0$垂直，并相交于点P，求点P的坐标．

7．已知△ABC三个顶点的坐标分别为A(3,2)、B(-4,1)、C(6,-2)，求BC边上的高线所在的直线的方程．

8. 已知△ABC的三个顶点的坐标分别为 A(2,5)、B(-1,1)、C(3,1). 求：

（1）BC边所在的直线的方程；

（2）BC边上高线的长度；

（3）△ABC的面积.

9. 已知一圆经过三点 A(0,1)、B(2,1)、C(3,4)，求该圆的一般方程.

10. 求平行于直线 $x+y-3=0$ 且与圆 $x^2+y^2-6x-4y+5=0$ 相切的直线的方程.

11. 求经过点 (0,3) 且与两坐标轴围成的三角形面积为 9 的直线的方程.

12. 求经过直线 l_1：$3x+2y-1=0$ 与 l_2：$5x+2y+1=0$ 的交点，并且垂直于直线 l_3：$3x-5y+6=0$ 的直线的方程．

13. 根据下面所给的条件，分别求出圆的标准方程．
（1）以点 $(-2,5)$ 为圆心，并且经过点 $(3,-7)$；
（2）已知点 $A(4,3)$、$B(6,-1)$，以线段 AB 为直径；
（3）经过点 $P(-2,4)$ 和 $Q(0,2)$，并且圆心在直线 $x+y=0$ 上．

14. 求经过直线 $x+2y+1=0$ 与直线 $2x+y-1=0$ 的交点，圆心为 $C(4,3)$ 的圆的标准方程．

15. 已知一圆经过点 $(2,1)$，与直线 $x+y-1=0$ 相切，并且圆心在直线 $2x-y=0$ 上，求该圆的标准方程．

第九章 立体几何

第一部分 考纲解读

一、知识内容

1. 平面的基本性质.
2. 直线与直线、直线与平面、平面与平面平行的判定与性质，直线与直线、直线与平面、平面与平面垂直的判定与性质.
3. 直线与直线、直线与平面、平面与平面所成的角.
4. 柱、锥、球及简单组合.

二、具体要求

1. 理解平面的基本性质.
2. 理解空间两条直线的位置关系，掌握两条直线平行、垂直的判定与性质.
3. 理解直线与平面、平面与平面的位置关系，掌握直线与平面、平面与平面平行及垂直的判定与性质.
4. 理解直线与直线、直线与平面、平面与平面所成的角的概念，会求直线与直线、直线与平面、平面与平面所成的角.
5. 理解棱柱、棱锥、圆柱、圆锥、球的概念，掌握柱、锥、球及简单组合的面积与体积公式.

第二部分 真题解析

【例 1】（2021.8）若 a、b、c 为不同的直线，α、β、γ 为不同的平面，则下列说法正确的是（　　）．

  A．若 $a \subset \alpha, b \subset \alpha$ 且 $a // \beta, b // \beta$，则 $\alpha // \beta$

  B．若 $a \perp \alpha$ 且 $b \perp \alpha$，则 $a // b$

C. 若 $a \perp b$，$a \perp c$ 且 $b \subset \alpha$，$c \subset \alpha$，则 $a \perp \alpha$

D. 若 $\alpha \perp \gamma$ 且 $\beta \perp \gamma$，则 $\alpha // \beta$

解析：根据直线与平面垂直的性质，垂直于同一平面的两条直线互相平行，故选 B.

【例2】（2018.7）已知正四棱锥的底面边长为6，斜高为5，则正四棱锥的体积为（　　）.
　A. 48　　　　B. 60　　　　C. 144　　　　D. 180

解析：正四棱锥的底面边长为6，斜高为5，正四棱锥的高 $h = \sqrt{5^2 - 3^2} = 4$，正四棱锥的底面积 $S = 6 \times 6 = 36$，则正四棱锥的体积为 $V = \frac{1}{3} Sh = \frac{1}{3} \times 36 \times 4 = 48$，故选 A.

变式训练1（2016.8）已知圆锥的母线长与其底面直径均为2，则圆锥的体积为（　　）.
　A. $\frac{\pi}{3}$　　　B. 3π　　　C. $\sqrt{3}\pi$　　　D. $\frac{\sqrt{3}}{3}\pi$

变式训练2（2020.8）已知圆锥的底面周长是 4π，高为6，则它的体积是（　　）.
　A. 2π　　　B. 6π　　　C. 8π　　　D. 24π

【例3】（2017.10）若球的直径为2，则它的表面积是（　　）.
　A. 16π　　　B. 8π　　　C. 4π　　　D. 2π

解析：球的直径为2，则半径 $r = 1$，表面积 $S = 4\pi r^2 = 4\pi$，故选 C.

变式训练3（2019.8）已知球的直径为 $2\sqrt{3}$ cm，则该球的表面积是（　　）.
　A. 3π cm²　　B. 4π cm²　　C. 12π cm²　　D. 16π cm²

变式训练4（2022.8）已知球的体积为 36π，则该球的直径是（　　）.
　A. 3　　　B. $3\sqrt{3}$　　　C. 6　　　D. $6\sqrt{3}$

变式训练5（2015.7）圆柱的轴截面是边长为2的正方形，则其全面积为（　　）.
　A. 16π　　　B. 12π　　　C. 6π　　　D. 5π

【例4】（2015.20）如下图所示，在四棱锥 $P\text{-}ABCD$ 中，四边形 $ABCD$ 是边长为2的正方形，E、F 分别是 PB、PD 的中点，$PA \perp$ 平面 $ABCD$，$PA = 3$.

（1）证明：$EF //$ 平面 $ABCD$；

（2）求三棱锥 $P\text{-}ABD$ 的体积.

分析：本题考查线面平行的证明及三棱锥的体积计算.

（1）证明：因为 E、F 分别是 PB、PD 的中点，所以 $EF // BD$. 因 EF 不在平面 $ABCD$ 内，BD 在平面 $ABCD$ 内，故 $EF //$ 平面 $ABCD$.

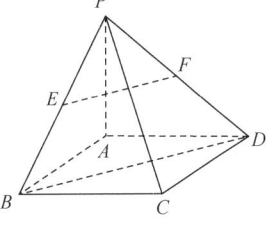

（2）解：PA 为三棱锥 $P\text{-}ABD$ 的高.

$$S_{ABD} = \frac{1}{2} \times 2 \times 2 = 2$$
$$PA = 3$$
$$V_{P-ABD} = \frac{1}{3} \cdot S_{ABD} \cdot PA$$

$$= \frac{1}{3} \times 2 \times 3$$
$$= 2$$

故三棱锥 P-ABD 的体积为 2.

变式训练 6（2016.20）如下图所示，在四棱锥 P-ABCD 中，底面 ABCD 为矩形，PA⊥平面 ABCD，E 为 PD 的中点.

（1）证明：PB // 平面 AEC；

（2）设 PA = AB = 1，AD = 6，求三棱锥 C-AEP 的体积.

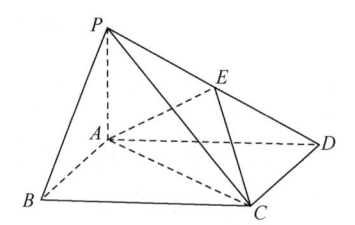

变式训练 7（2020.21）如下图所示，在正三棱锥 P-ABC 中，D、E、F 分别是侧棱 PA、PB、PC 的中点.

（1）证明：平面 DEF // 平面 ABC；

（2）证明：PB ⊥ AC．

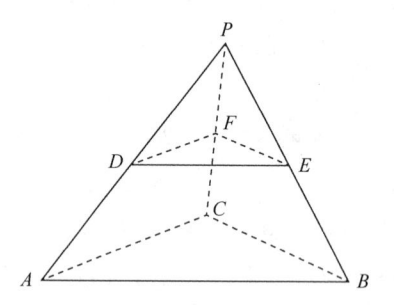

【例 5】（2017.20）如下图所示，在正三棱柱 ABC-A'B'C' 中，底面 ABC 是边长为 2 的正三角形，M 为 BC 的中点，AA' = 1．

（1）求 A'M 与平面 ABC 的夹角 θ 的值；

（2）证明：AM ⊥ 平面 BCC'B'．

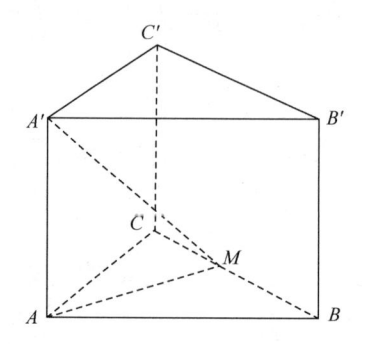

分析：本题考查线面角的大小及线面垂直．

（1）**解**：$AB=BC=AC=2$，得 $AM=\sqrt{3}$，由 $AA' \perp$ 平面 ABC 可知，$\theta=\angle AMA'$，$\tan\theta=\dfrac{AA'}{AM}=\dfrac{\sqrt{3}}{3}$，又因 $0<\theta\leqslant\dfrac{\pi}{2}$，故 $\theta=\dfrac{\pi}{6}$．

（2）**证明**：∵ $\triangle ABC$ 为正三角形，M 为 BC 的中点，

∴ $AM \perp BC$．

又 ∵ $BB' \perp$ 平面 ABC，$AM \subset$ 平面 ABC，

∴ $AM \perp BB'$．

∵ BC、$BB' \subset$ 平面 $BCC'B'$，$BC \cap BB'=B$，

∴ $AM \perp$ 平面 $BCC'B'$．

变式训练 8（2018.20）如下图所示，在直平行六面体 $ABCD\text{-}A_1B_1C_1D_1$ 中，底面 $ABCD$ 是菱形，E、F 分别是 A_1A、A_1C 的中点．

（1）证明：EF // 平面 $ABCD$；

（2）证明：$A_1C \perp BD$．

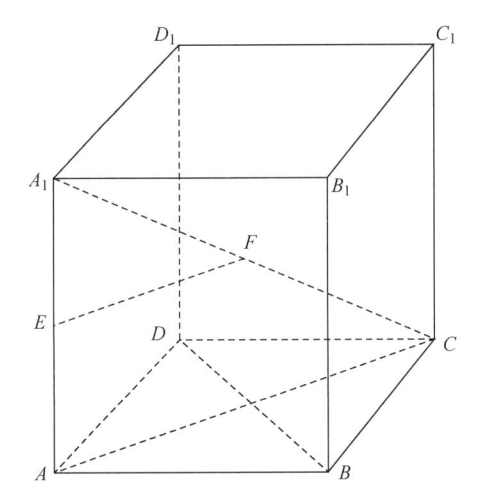

变式训练 9（2019.20）如下图所示，在正四棱柱 $ABCD\text{-}A_1B_1C_1D_1$ 中，M 是线段 B_1B 上的任意一点．

（1）证明：平面 $MDC \perp$ 平面 BB_1C_1C；

（2）若 $AB=3$，$AA_1=2$，求三棱锥 $M\text{-}AA_1D$ 的体积．

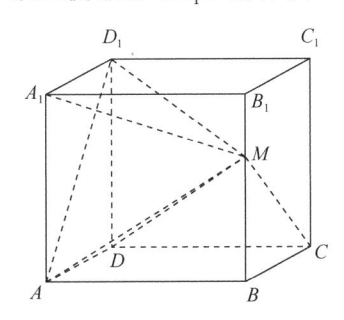

变式训练 10（2021.20）如下图所示，在四棱锥 P-ABCD 中，底面 ABCD 是边长为 2 的菱形，且 $\angle ADC = 60°$，$PA = 3$，$PA \perp$ 平面 ABCD．

（1）求三棱锥 P-BCD 的体积；

（2）证明：平面 $PAC \perp$ 平面 PBD．

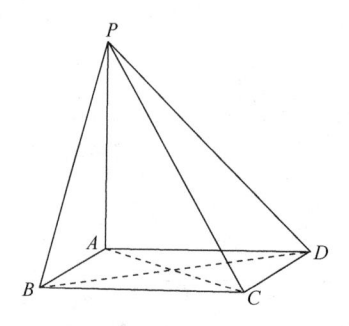

变式训练 11（2022.17）如下图所示，PA 为平面 α 的斜线，$PO \perp \alpha$，直线 $l \subsetneq \alpha$，$l \perp AO$．证明：$l \perp PA$．

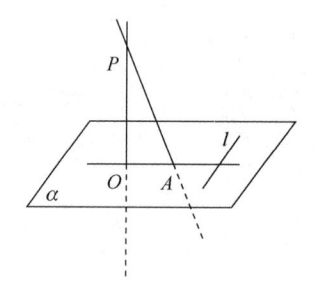

变式训练参考答案：

变式训练 1．D

变式训练 2．C

变式训练 3．C

变式训练 4．C

变式训练 5．C

变式训练 6．（1）证明：连接 BD 交 AC 与 O，则 O 是矩形 ABCD 对角线的交点，O 是线段 BD 的中点，因 E 为 PD 的中点，故连接 EO，可得 EO//PB．又因为 $EO \subset$ 平面 AEC，且 $PB \not\subset$ 平面 AEC，所以 PB// 平面 AEC．

（2）解：取 PA 中点 F，连接 EF，则 EF//AD，且 $EF = \dfrac{1}{2}AD = 3$．

由 $PA \perp$ 矩形 ABCD 可知，$AD \perp PA$，故 $EF \perp PA$，从而 $S_{\triangle AEP} = \dfrac{1}{2}PA \times EF = \dfrac{1}{2} \times 1 \times 3 = \dfrac{3}{2}$．

又因为 AB//CD，$PA \perp$ 矩形 ABCD，所以 $CD \perp AD$，$CD \perp PA$，有 $CD \perp$ 平面 AEP，CD

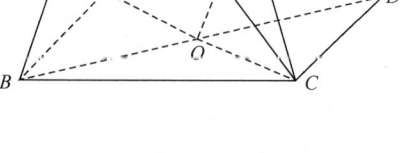

为三棱锥 C-AEP 的高，且 $CD=AB=1$，所以 $V_{C\text{-}AEP}=\dfrac{1}{3}S_{\triangle AEP}\times CD=\dfrac{1}{3}\times\dfrac{3}{2}\times 1=\dfrac{1}{2}$.

变式训练 7．证明：（1）如图，在 $\triangle PAB$ 中，因为 D、E 分别是 PA、PB 的中点，所以 DE // AB．

又因 $DE\not\subset$ 平面 ABC，故 DE // 平面 ABC，同理，EF // 平面 ABC．

又因 $DE\cap EF=E$，故平面 DEF // 平面 ABC．

（2）取 AC 的中点 M，连接 PM、MB．

因 $PA=PC$，故 $PM\perp AC$．

又因 $AB=CB$，故 $MB\perp AC$，$PM\cap MB=M$，$AC\perp$ 平面 PMB．

又因 $PB\subset$ 平面 PMB，故 $PB\perp AC$．

变式训练 8．证明：（1）由 E、F 分别是 A_1A、A_1C 的中点可得，EF // AC，而 $EF\not\subset$ 平面 $ABCD$，$AC\subset$ 平面 $ABCD$，所以 EF // 平面 $ABCD$．

（2）在直平行六面体 $ABCD$-$A_1B_1C_1D_1$ 中，由 $AA_1\perp$ 平面 $ABCD$，$BD\subset$ 平面 $ABCD$ 得，$AA_1\perp BD$．

由底面 $ABCD$ 是菱形得，$AC\perp BD$，$AA_1\cap AC=A$，所以 $BD\perp$ 平面 AA_1C，而 $A_1C\subset$ 平面 AA_1C，所以 $A_1C\perp BD$．

变式训练 9．（1）证明：如图．

$\because$ 四棱柱 $ABCD$-$A_1B_1C_1D_1$ 为正四棱柱，

$\therefore DC\perp$ 平面 BB_1C_1C．

又 $\because DC\subset$ 平面 MDC，

$\therefore$ 平面 $MDC\perp$ 平面 BB_1C_1C．

（2）解：在正四棱柱 $ABCD$-$A_1B_1C_1D_1$ 中，$A_1D_1=AB=3$，M 到平面 AA_1D_1D 的距离为 $BA=3$．

$$V_{M\text{-}AA_1D_1}=\dfrac{1}{3}S_{\triangle AA_1D_1}\cdot AB=3.$$

变式训练 10．（1）解：在菱形 $ABCD$ 中，$AD=CD=2$，$\angle ADC=60°$，故 $AC=2$，$BD=2\sqrt{3}$．

$$S_{\text{菱形}ABCD}=\dfrac{1}{2}AC\cdot BD=2\sqrt{3}$$

$$S_{\triangle BCD}=\dfrac{1}{2}S_{\text{菱形}ABCD}=\sqrt{3}$$

$PA\perp$ 平面 $ABCD$，P 到平面 $ABCD$ 的距离 $PA=3$，$V_{P\text{-}BCD}=\dfrac{1}{3}S_{\triangle BCD}\cdot PA=\sqrt{3}$，即三棱锥 P-BCD 的体积为 $\sqrt{3}$．

（2）证明：因四边形 $ABCD$ 是菱形，故 $AC\perp BD$．

又因 $PA\perp$ 平面 $ABCD$，$BD\subset$ 平面 $ABCD$，故 $PA\perp BD$．

$PA\cap AC=A$，$BD\perp$ 平面 PAC，而 $BD\subset$ 平面 PBD，故可得平面 $PAC\perp$ 平面 PBD．

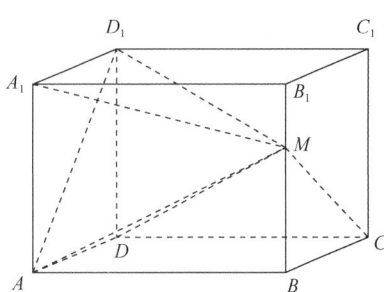

变式训练 11. 证明：因为 $PO \perp$ 平面 α，l 在平面 α 内，所以 $l \perp PO$.
又因 $l \perp AO$，AO 和 PO 交于 O，所以 $l \perp$ 平面 POA.
又因 $PA \subset$ 平面 POA，故可得 $l \perp PA$.

第三部分　强化训练

一、选择题

1. 下列说法正确的是（　　）.
   A. 一个平面的面积为 $9cm^2$
   B. 空间三点确定一个平面
   C. 空间两平面只有一个公共点
   D. 过一条直线和直线外一点有且只有一个平面

2. 下列图形不一定是平面图形的是（　　）.
   A. 三角形　　　B. 梯形　　　C. 四边形　　　D. 平行四边形

3. 下列命题中正确的个数是（　　）.
   ① 三角形是平面图形；　　② 四边形是平面图形；
   ③ 四边相等的四边形是平面图形；④ 圆是平面图形.
   A. 1　　　B. 2　　　C. 3　　　D. 4

4. 在空间内，可以确定一个平面的条件是（　　）.
   A. 两两相交的三条直线
   B. 三条直线，其中的一条与另外两条直线分别相交
   C. 三个点
   D. 三条直线，它们两两相交，但不交于同一点

5. 空间四个点中有三点在同一直线上是这四个点在同一平面上的（　　）.
   A. 充分不必要条件　　　　　　B. 必要不充分条件
   C. 充要条件　　　　　　　　　D. 既不充分也不必要条件

6. 空间三条直线互相平行，由每两条平行线确定一个平面，则可确定平面的个数为（　　）.
   A. 3　　　B. 1 或 2　　　C. 1 或 3　　　D. 2 或 3

7. 若三个平面两两相交，且三条交线互相平行，则这三个平面把空间分成（　　）.
   A. 5 部分　　　B. 6 部分　　　C. 7 部分　　　D. 8 部分

8. 异面直线是指（　　）.
   A. 在空间内不能相交的两条直线
   B. 分别位于两个不同平面的两条直线
   C. 某一个平面内的一条直线和这个平面外的一条直线

D．不可能在同一平面内的两条直线

9．如果直线 a 和 b 没有公共点，那么直线 a 和 b（　　）．
A．平行
B．共面
C．是异面直线
D．可能平行，也可能是异面直线

10．设 AA_1 是正方体的一条棱，则这个正方体中与 AA_1 为异面直线的棱共有（　　）．
A．1条
B．2条
C．3条
D．4条

11．对于任意的直线 l 与平面 α，在平面 α 内必有直线 m，使 m 与 l（　　）．
A．平行
B．相交
C．垂直
D．互为异面直线

12．下列四个命题中，正确的是（　　）．
A．若两条直线没有公共点，则它们平行
B．若两条直线分别在两个平面内，则它们是异面直线
C．设直线 l_1 在平面 α 内，而直线 l_2 不在平面 α 内，则 l_1 与 l_2 是异面直线
D．平行于同一直线的两条不重合的直线互相平行

13．直线 a//平面 α，直线 b 在平面 α 内，则（　　）．
A．a//b
B．a 和 b 相交
C．a 和 b 异面
D．a 和 b 平行或异面

14．α、β 是两个不重合的平面，下列条件可判定 α//β 的是（　　）．
A．α、β 都平行于直线 l、m
B．α 内有三个不共线的点到 β 的距离相等
C．l、m 是 α 内的两条直线，且 l//β，m//β
D．l、m 是两条异面直线，且 l//α，m//α，l//β，m//β

15．已知 a、b 是两条相交直线，a//平面 α，则 b 与 α 的位置关系是（　　）．
A．b//α
B．b 与 α 相交
C．$b \subset \alpha$
D．b//α 或 b 与 α 相交

16．A、B 是直线 l 外的两点，过点 A、B 且和 l 平行的平面的个数是（　　）．
A．0
B．1
C．无数
D．以上都有可能

17．若直线 a//平面 α，点 $A \in \alpha$，则过点 A 且平行于直线 a 的直线（　　）．
A．只有一条，但不一定在平面 α 内
B．只有一条，且在平面 α 内
C．有无数条，但都不在平面 α 内
D．有无数条，且都在平面 α 内

18．对于平面 α 和共面的直线 m、n，下列命题中的真命题是（　　）．
A．若 $m \perp \beta$，$m \perp n$，则 n//α
B．若 m//α，n//α，则 m//n
C．若 $m \subset \alpha$，n//α，则 m//n
D．若 m、n 与 α 所成的角相等，则 m//n

19．下列条件可判定 α//β 的是（　　）．
A．α 内有无数条直线与 β 平行
B．直线 a//α，a//β
C．直线 $a \subset \alpha$，直线 $b \subset \beta$，且 a//β，b//α

D．α内的任何直线都与β平行

20．用a、b、c表示三条不同的直线，γ表示平面，给出下列命题：

①若$a // b$，$b // c \Rightarrow a // c$；②若$a \perp c$，$b \perp c \Rightarrow a \perp b$；

③若$a // \gamma$，$b // \gamma \Rightarrow a // b$；④若$a \perp \gamma$，$b \perp \gamma \Rightarrow a // b$．

其中真命题的序号是（　　）．

  A．①②　　　　B．②③　　　　C．①④　　　　D．③④

21．在空间中，下列命题正确的是（　　）．

  A．平行直线的平行投影重合

  B．平行于同一直线的两个平面平行

  C．垂直于同一平面的两个平面平行

  D．垂直于同一平面的两条直线平行

22．已知平面α外不共线的三点A、B、C到α的距离都相等，则正确的结论是（　　）．

  A．平面ABC必平行于α

  B．平面ABC必与α相交

  C．平面ABC必不垂直于α

  D．存在$\triangle ABC$的一条中位线平行于α或在α内

23．若P是平面α外的一点，则下列命题正确的是（　　）．

  A．过P只能作一条直线与平面α相交

  B．过P可作无数条直线与平面α垂直

  C．过P只能作一条直线与平面α平行

  D．过P可作无数条直线与平面α平行

24．如果直线l与平面α内的两条直线垂直，那么l与α的位置关系是（　　）．

  A．平行　　　B．$l \subset \alpha$　　　C．垂直　　　D．不确定

25．教室内有根棍子，无论怎样放置，地面上总有这样的直线与棍子所在直线（　　）．

  A．平行　　　B．垂直　　　C．相交但不垂直　　D．异面

26．要使直线$l \perp$平面α，只需l垂直于平面α内（　　）．

  A．两条不同直线　　　　　　B．无数条直线

  C．不平行的两条直线　　　　D．不垂直的两条直线

27．在空间中，下列命题正确的是（　　）．

  A．垂直于同一直线的两条直线平行　　B．平行于同一直线的两个平面平行

  C．垂直于同一平面的两个平面平行　　D．垂直于同一平面的两条直线平行

28．一条直线和三角形的两边同时垂直，则这条直线和三角形的第三边的位置关系是（　　）．

  A．垂直　　　B．平行　　　C．相交不垂直　　　D．不确定

29．已知a、b为两条不同的直线，α、β为两个不同的平面，且$a \perp \alpha$，$b \perp \beta$，则下列命题中的假命题是（　　）．

A. 若 $a//b$，则 $\alpha//\beta$ B. 若 $\alpha\perp\beta$，则 $a\perp b$

C. 若 a、b 相交，则 α、β 相交   D. 若 α、β 相交，则 a、b 相交

30．若 l、m、n 是互不相同的空间直线，α、β 是不重合的平面，则下列命题中的真命题是（   ）．

A. 若 $\alpha//\beta$，$l\subset\alpha$，$n\subset\beta$，则 $l//n$ B. 若 $\alpha\perp\beta$，$l\subset\alpha$，则 $l\perp\beta$

C. 若 $l\perp\alpha$，$l//\beta$，则 $\alpha\perp\beta$ D. 若 $l\perp n$，$m\perp n$，则 $l//m$

31．都与第三个平面垂直的两个平面（   ）．

A. 互相垂直   B. 互相平行

C. 相交   D. 如果相交，那么交线垂直于第三个平面

32．若 m、n 是两条不同的直线，α、β、γ 是三个不同的平面，则下列命题中的真命题是（   ）．

A. 若 $m\subset\beta$，$\alpha\perp\beta$，则 $m\perp\alpha$

B. 若 $\alpha\cap\gamma=m$，$\beta\cap\gamma=n$，$m//n$，则 $\alpha//\beta$

C. 若 $m\perp\beta$，$m//\alpha$，则 $\alpha\perp\beta$

D. 若 $\alpha\perp\gamma$，$\alpha\perp\beta$，则 $\beta\perp\gamma$

33．如右图所示，$PA\perp$ 矩形 $ABCD$，下列结论不正确的是（   ）．

A. $PD\perp BD$ B. $PD\perp CD$

C. $PB\perp BC$ D. $PA\perp BD$

34．给定下列四个命题：

① 若一个平面内的两条直线都与另一个平面平行，则这两个平面相互平行；

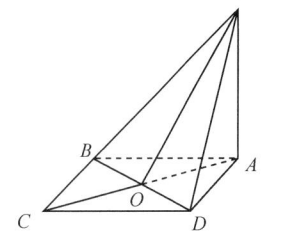

② 若一个平面经过另一个平面的垂线，则这两个平面相互垂直；

③ 垂直于同一直线的两条直线相互平行；

④ 若两个平面垂直，则一个平面内与它们的交线不垂直的直线与另一个平面也不垂直．

其中的真命题是（   ）．

A. ①和②   B. ②和③   C. ③和④   D. ②和④

35．设直线 m 与平面 α 相交但不垂直，则下列说法正确的是（   ）．

A. 在平面 α 内有且只有一条直线与直线 m 垂直

B. 过直线 m 有且只有一个平面与平面 α 垂直

C. 与直线 m 垂直的直线不可能与平面 α 平行

D. 与直线 m 平行的平面不可能与平面 α 垂直

36．设 m、n 是两条不同的直线，α、β 是两个不同的平面，则下列命题正确的是（   ）．

A. $m\perp\alpha$，$n\subset\beta$，$m\perp n\Rightarrow\alpha\perp\beta$ B. $\alpha//\beta$，$m\perp\alpha$，$n//\beta\Rightarrow m\perp n$

C. $\alpha\perp\beta$，$m\perp\alpha$，$n//\beta\Rightarrow m\perp n$ D. $\alpha\perp\beta$，$\alpha\cap\beta=m$，$n\perp m\Rightarrow n\perp\beta$

37．a、b 是两条直线，α、β 是两个平面，且 $a\perp b$，$a\perp\alpha$，$b\perp\beta$，则 α 与 β 的关系是（   ）．

A．不能确定　　　　　　　　　　　B．平行
C．垂直　　　　　　　　　　　　　D．相交但不垂直

38．给出下列四个命题：①垂直于同一直线的两条直线互相平行；②垂直于同一平面的两个平面互相平行；③若直线 l_1、l_2 与同一平面所成的角相等，则 l_1、l_2 互相平行；④若直线 l_1、l_2 是异面直线，则与 l_1、l_2 都相交的两条直线是异面直线．其中假命题的个数是（　　）．

A．1　　　　B．2　　　　C．3　　　　D．4

39．如果直线 a 和平面 β 都垂直于同一平面，那么直线 a 和平面 β 的位置关系是（　　）．

A．相交　　　　　　　　　　　　　B．平行
C．线在面内　　　　　　　　　　　D．线在面内或平行

40．下列命题正确的是（　　）．

A．平行于同一平面的两条直线平行
B．垂直于同一直线的两条直线平行
C．若两个平面垂直，则一个平面内的任意一条直线垂直于另一个平面
D．垂直于同一平面的两条不重合直线平行

41．平面 α 外有两条直线 m 和 n，如果 m 和 n 在平面 α 内的射影分别是 m' 和 n'，给出下列四个命题：①$m'\perp n' \Rightarrow m\perp n$；②$m\perp n \Rightarrow m'\perp n'$；③$m'$ 与 n' 相交 $\Rightarrow m$ 与 n 相交或重合；④m' 与 n' 平行 $\Rightarrow m$ 与 n 平行或重合．其中不正确的命题个数是（　　）．

A．1　　　　B．2　　　　C．3　　　　D．4

42．若 θ 是两条异面直线所成的角，则（　　）．

A．$\theta\in(0,\pi]$　　B．$\theta\in\left(0,\dfrac{\pi}{2}\right]$　　C．$\theta\in\left[0,\dfrac{\pi}{2}\right]$　　D．$\theta\in\left(0,\dfrac{\pi}{2}\right)$

43．$ABCD$ 是矩形，$PA\perp$ 平面 $ABCD$，连接 PB、PC、PD，则 PD 与 AB 所成的角为（　　）．

A．90°　　　B．60°　　　C．45°　　　D．30°

44．在正方体 $ABCD-A_1B_1C_1D_1$ 中，与直线 BD 异面且成 60°角的面对角线有（　　）．

A．1条　　　B．2条　　　C．3条　　　D．4条

45．如右图所示，在正方体 $ABCD-A_1B_1C_1D_1$ 中，E、F、G、H 分别为 AA_1、AB、BB_1、B_1C_1 的中点，则异面直线 EF 与 GH 所成的角为（　　）．

A．45°　　　　　　　　　　　　　B．60°
C．90°　　　　　　　　　　　　　D．120°

46．在△ABC 中，$BC=2$，$AB=AC=3$，D 是 BC 的中点，$PA\perp$ 平面 ABC，$PA=2\sqrt{6}$，则 PD 与平面 ABC 所成的角是（　　）．

A．30°　　　　　　　　　　　　　B．45°
C．60°　　　　　　　　　　　　　D．90°

47．已知正三棱柱 $ABC-A_1B_1C_1$ 的侧棱长与底面边长相等，则 AB_1 与侧面 ACC_1A_1 所成

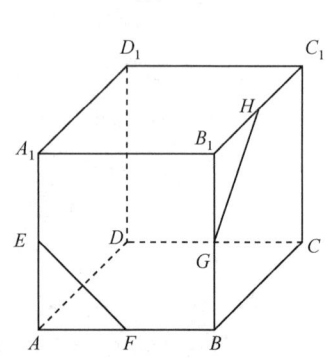

角的正弦值等于（　　）．

A．$\dfrac{\sqrt{6}}{4}$　　　B．$\dfrac{\sqrt{10}}{4}$　　　C．$\dfrac{\sqrt{2}}{2}$　　　D．$\dfrac{\sqrt{3}}{2}$

48．二面角是指（　　）．

A．两个平面所组成的角

B．经过同一直线的两个平面所组成的图形

C．从一条直线出发的两个半平面所组成的图形

D．两个平面所组成的不大于 90°的角

49．在正方体 $ABCD$-$A_1B_1C_1D_1$ 中，平面 A_1B_1CD 与平面 $ABCD$ 所成的二面角为（　　）．

A．30°　　　B．45°　　　C．60°　　　D．90°

50．以等腰直角 △ABC 的斜边 BC 上的高 AD 为折痕，折叠时使二面角 B-AD-C 为 90°，此时 ∠BAC 为（　　）．

A．30°　　　B．45°　　　C．60°　　　D．90°

51．设 P 是 △ABC 所在平面外的一点，且 $PA=PB=PC$，则 P 在这个平面内的射影是 △ABC 的（　　）．

A．重心　　　B．垂心　　　C．内心　　　D．外心

52．设 P 是 △ABC 所在平面外的一点，且直线 PA、PB、PC 和这个平面所成的角相等，则 P 在这个平面内的射影是 △ABC 的（　　）．

A．重心　　　B．垂心　　　C．内心　　　D．外心

53．若正方体的全面积是 96，则它的体积是（　　）．

A．16　　　B．32　　　C．64　　　D．128

54．棱长为 2 的正四面体的表面积是（　　）．

A．$\sqrt{3}$　　　B．4　　　C．$4\sqrt{3}$　　　D．16

55．若正方体 $ABCD$-$A_1B_1C_1D_1$ 的棱长为 a，则三棱锥 A_1-BCD 的体积为（　　）．

A．$\dfrac{1}{6}a^2$　　　B．$\dfrac{1}{2}a^3$　　　C．$\dfrac{1}{3}a^3$　　　D．$\dfrac{1}{6}a^3$

56．右图所示是一个无盖正方体盒子的表面展开图，A、B、C 为其上的三个点，则在正方体盒子中，∠ABC 等于（　　）．

A．45°　　　B．60°

C．90°　　　D．120°

57．若圆锥的轴截面是等腰直角三角形，其母线长为 $\sqrt{2}$，则圆锥的体积为（　　）．

A．$\dfrac{\pi}{6}$　　　B．$\dfrac{\pi}{3}$　　　C．$\dfrac{\pi}{2}$　　　D．π

58．若圆柱的底面积是 4π，高是 4，则圆柱的侧面积为（　　）．

A．4π　　　B．8π　　　C．16π　　　D．32π

59. 已知各顶点都在一个球面上的正四棱柱高为 4，体积为 16，则这个球的表面积是（   ）.

    A. 16π B. 20π C. 24π D. 32π

60. 正方体的内切球与其外接球的体积之比为（   ）.

    A. $1:\sqrt{3}$ B. $1:3$ C. $1:3\sqrt{3}$ D. $1:9$

二、填空题

1. 对于空间中的三条直线，有下列四个条件：①三条直线两两相交且不共点；②三条直线两两平行；③三条直线共点；④有两条直线平行，第三条直线和这两条直线都相交．其中使三条直线共面的充分条件有_____．

2. 给出 4 个命题：①不共面的四点中的任意三点不共线；②若点 A、B、C、D 共面，点 A、B、C、E 共面，则点 A、B、C、D、E 共面；③若直线 a、b 共面，直线 a、c 共面，则直线 b、c 共面；④依次首尾相接的四条线段必共面．其中正确命题的个数是_____．

3. 过直线外一点与这条直线平行的直线有_____条．

4. 过直线外一点与这条直线平行的平面有_____个．

5. 若直线 a//平面 α，α 内有 n 条直线交于一点，则这 n 条直线中与直线 a 平行的有_____条．

6. 过三棱柱 ABC-$A_1B_1C_1$ 任意两条棱的中点作直线，其中与平面 ABB_1A_1 平行的直线共有_____条．

7. 给出 4 个命题：①若直线与平面没有公共点，则直线与平面平行；②若直线与平面内的任意一条直线不相交，则直线与平面平行；③若直线与平面内的无数条直线不相交，则直线与平面平行；④若直线与平面内的一条直线平行，则直线与平面不相交．其中正确的命题是_____．

8. 已知 a 和 b 是异面直线，且 $a \subset$ 平面 α，$b \subset$ 平面 β，a//β，b//α，则平面 α 与平面 β 的位置关系是_____．

9. 在正方体 $ABCD$-$A_1B_1C_1D_1$ 中，E、F 分别是线段 C_1D_1、BC 的中点，则直线 A_1B 与直线 EF 的位置关系是_____．

10. 已知直线 b//平面 α，平面 α//平面 β，则直线 b 与平面 β 的位置关系为_____．

11. 已知 α、β 表示两个不同的平面，m 为平面 α 内的一条直线，则 $\alpha \perp \beta$ 是 $m \perp \beta$ 的_____条件．

12. 若平面 α 同侧的两点 A、B 到 α 的距离分别为 4 和 6，则线段 AB 的中点 M 到 α 的距离为_____．

13. 若两直线 a、b 在平面 α 上的射影 a'、b' 是平行的直线，则直线 a、b 的位置关系是_____．

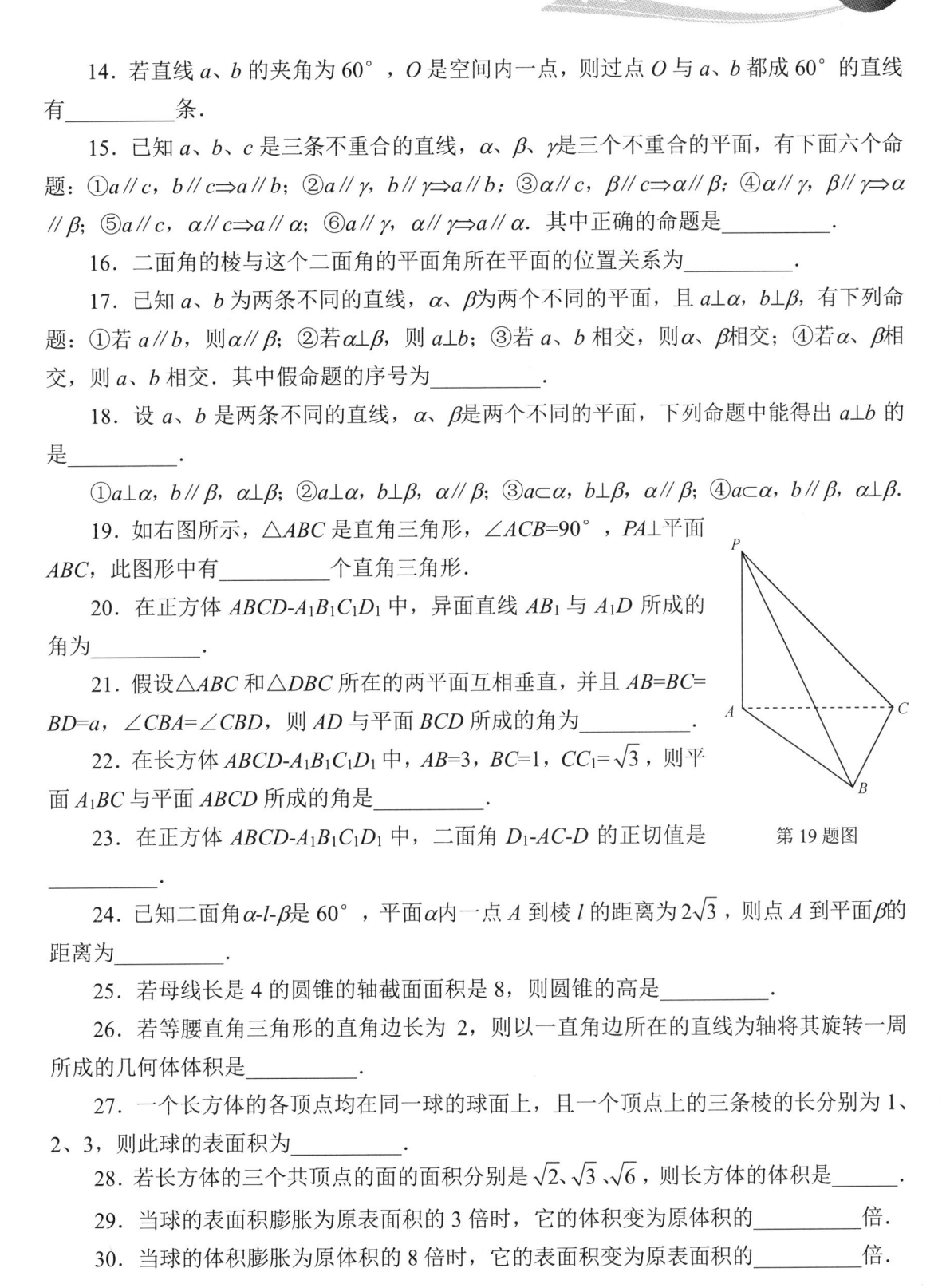

14. 若直线 a、b 的夹角为 $60°$，O 是空间内一点，则过点 O 与 a、b 都成 $60°$ 的直线有_____条.

15. 已知 a、b、c 是三条不重合的直线，α、β、γ 是三个不重合的平面，有下面六个命题：①$a//c$，$b//c \Rightarrow a//b$；②$a//\gamma$，$b//\gamma \Rightarrow a//b$；③$\alpha//c$，$\beta//c \Rightarrow \alpha//\beta$；④$\alpha//\gamma$，$\beta//\gamma \Rightarrow \alpha//\beta$；⑤$a//c$，$\alpha//c \Rightarrow a//\alpha$；⑥$a//\gamma$，$\alpha//\gamma \Rightarrow a//\alpha$. 其中正确的命题是_____.

16. 二面角的棱与这个二面角的平面角所在平面的位置关系为_____.

17. 已知 a、b 为两条不同的直线，α、β 为两个不同的平面，且 $a \perp \alpha$，$b \perp \beta$，有下列命题：①若 $a//b$，则 $\alpha//\beta$；②若 $\alpha \perp \beta$，则 $a \perp b$；③若 a、b 相交，则 α、β 相交；④若 α、β 相交，则 a、b 相交. 其中假命题的序号为_____.

18. 设 a、b 是两条不同的直线，α、β 是两个不同的平面，下列命题中能得出 $a \perp b$ 的是_____.

①$a \perp \alpha$，$b//\beta$，$\alpha \perp \beta$；②$a \perp \alpha$，$b \perp \beta$，$\alpha // \beta$；③$a \subset \alpha$，$b \perp \beta$，$\alpha // \beta$；④$a \subset \alpha$，$b // \beta$，$\alpha \perp \beta$.

19. 如右图所示，$\triangle ABC$ 是直角三角形，$\angle ACB=90°$，$PA \perp$ 平面 ABC，此图形中有_____个直角三角形.

20. 在正方体 $ABCD-A_1B_1C_1D_1$ 中，异面直线 AB_1 与 A_1D 所成的角为_____.

21. 假设 $\triangle ABC$ 和 $\triangle DBC$ 所在的两平面互相垂直，并且 $AB=BC=BD=a$，$\angle CBA=\angle CBD$，则 AD 与平面 BCD 所成的角为_____.

22. 在长方体 $ABCD-A_1B_1C_1D_1$ 中，$AB=3$，$BC=1$，$CC_1=\sqrt{3}$，则平面 A_1BC 与平面 $ABCD$ 所成的角是_____.

23. 在正方体 $ABCD-A_1B_1C_1D_1$ 中，二面角 D_1-AC-D 的正切值是_____.

第19题图

24. 已知二面角 $\alpha-l-\beta$ 是 $60°$，平面 α 内一点 A 到棱 l 的距离为 $2\sqrt{3}$，则点 A 到平面 β 的距离为_____.

25. 若母线长是 4 的圆锥的轴截面面积是 8，则圆锥的高是_____.

26. 若等腰直角三角形的直角边长为 2，则以一直角边所在的直线为轴将其旋转一周所成的几何体体积是_____.

27. 一个长方体的各顶点均在同一球的球面上，且一个顶点上的三条棱的长分别为 1、2、3，则此球的表面积为_____.

28. 若长方体的三个共顶点的面的面积分别是 $\sqrt{2}$、$\sqrt{3}$、$\sqrt{6}$，则长方体的体积是_____.

29. 当球的表面积膨胀为原表面积的 3 倍时，它的体积变为原体积的_____倍.

30. 当球的体积膨胀为原体积的 8 倍时，它的表面积变为原表面积的_____倍.

三、解答题

1. 如下图所示,已知 M、N 分别是正方体 $ABCD$-$A_1B_1C_1D_1$ 的棱 BB_1 和 B_1C_1 的中点.

(1) 求 MN 和 AD 所成的角;

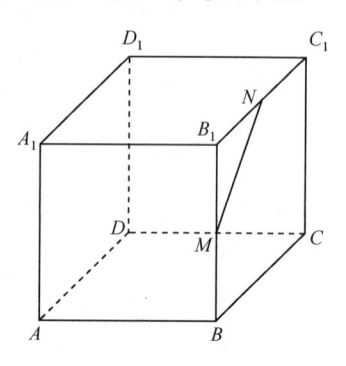

(2) 证明: $MN \perp AB$.

2. 如下图所示,在正方体 $ABCD$-$A_1B_1C_1D_1$ 中,P、Q 分别是正方形 AA_1D_1D 和 $A_1B_1C_1D_1$ 的中心.

(1) 证明: PQ // 平面 DD_1C_1C;

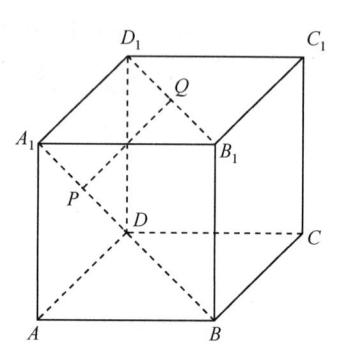

(2) 求 PQ 与平面 AA_1D_1D 所成的角.

3．如下图所示，在四棱锥 P-$ABCD$ 中，$PD\perp$ 平面 $ABCD$，$PD=DC=BC=1$，$AB/\!/DC$，$\angle BCD=90°$．

（1）证明：$PC\perp BC$；

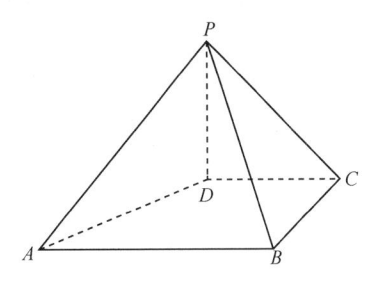

（2）求 PB 与平面 $ABCD$ 所成角的正弦值．

4．如下图所示，在长方体 $ABCD$-$A_1B_1C_1D_1$ 中，$AB=AD$，点 P 为 DD_1 的中点．

（1）证明：直线 $BD_1/\!/$ 平面 PAC；

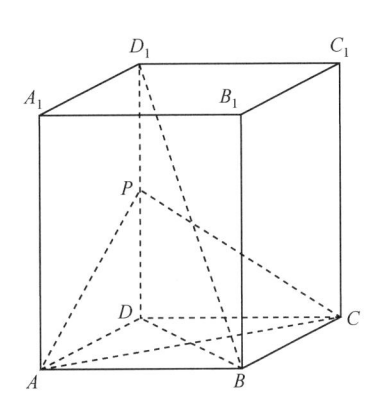

（2）证明：平面 $PAC\perp$ 平面 BDD_1．

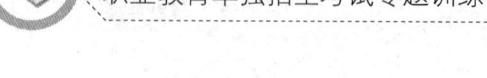

5. 如下图所示，在直三棱柱 ABC-$A_1B_1C_1$ 中，$AB=AC=3$，$BC=AA_1=4$，点 E、F 分别是 A_1B、A_1C 的中点．

（1）证明：EF∥平面 ABC；

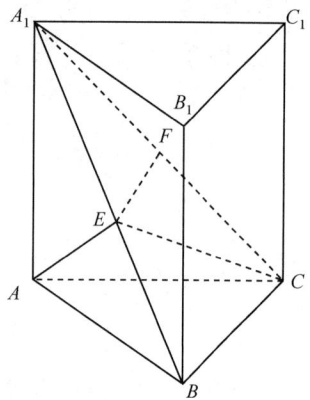

（2）求三棱锥 E-ABC 的体积．

6. 如下图所示，在正四棱锥 P-$ABCD$ 中，$AB=2$，$PA=2\sqrt{2}$．

（1）证明：$BD\perp$平面 PAC；

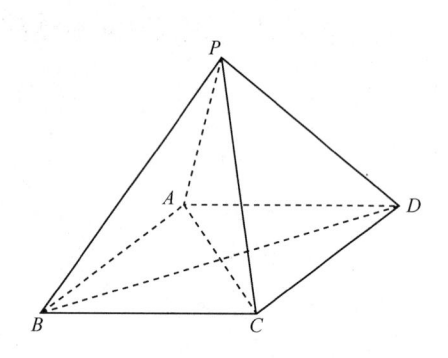

（2）求 PB 与平面 $ABCD$ 所成角的大小．

7. 如下图所示，在四面体 PABC 中，PC⊥AB，点 D、E、F、G 分别是棱 AP、AC、BC、PB 的中点.

（1）证明：DE∥平面 BCP；

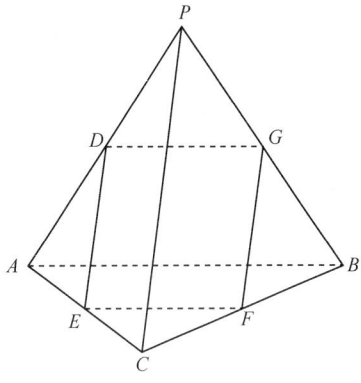

（2）证明：四边形 DEFG 为矩形.

8. 如下图所示，在三棱锥 P-ABC 中，△ABC 是边长为 2 的等边三角形，PC=PB=2，PA=$\sqrt{3}$.

（1）证明：PA⊥BC；

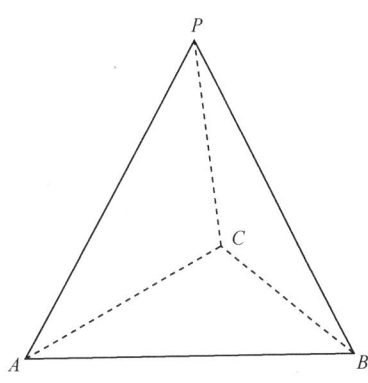

（2）求点 P 到平面 ABC 的距离.

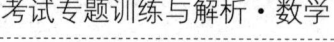

9. 如下图所示，在四棱锥 P-ABCD 中，平面 PAD⊥平面 ABCD，AB=AD，∠BAD=60°，E、F 分别是 AP、AD 的中点.

（1）证明：直线 EF∥平面 PCD；

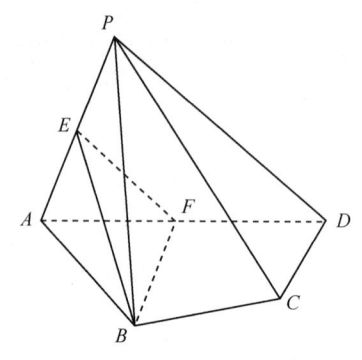

（2）证明：平面 BEF⊥平面 PAD.

10. 如下图所示，在△ABC 中，∠ABC=45°，∠BAC=90°，AD 是 BC 上的高，沿 AD 把△ABC 折起，使∠BDC=90°.

（1）证明：平面 ABD⊥平面 BDC；

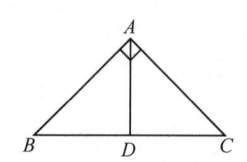

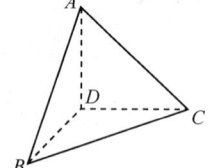

（2）若 BD=1，求三棱锥 D-ABC 的体积.

11. 如下图所示，在四棱锥 P-ABCD 中，底面 ABCD 是矩形，PA⊥平面 ABCD，AP=AB，BP=BC=2，E、F 分别是 PB、PC 的中点．

（1）证明：EF∥平面 PAD；

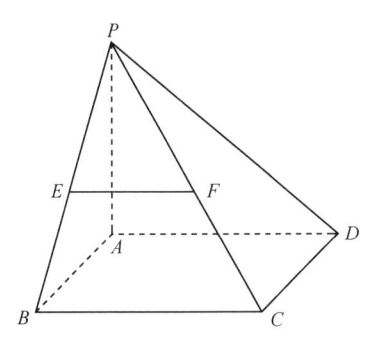

（2）求三棱锥 E-ABC 的体积 V．

12. 如下图所示，在四面体 ABCD 中，CB=CD，AD⊥BD，且 E、F 分别是 AB、BD 的中点．

（1）证明：直线 EF∥平面 ACD；

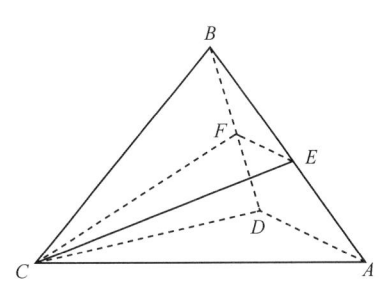

（2）证明：平面 EFC⊥平面 BCD．

13. 如下图所示，已知 AB 是圆的直径，PA 垂直于圆所在的平面，C 是圆上的任意一点，$PA=2$，$PC=4$.

（1）证明：$BC \perp$ 平面 PAC；

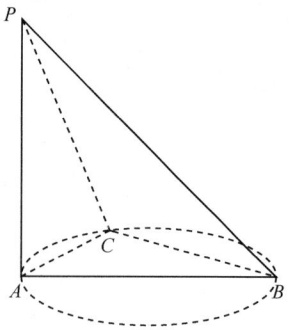

（2）求平面 PCB 与平面 ABC 所成的二面角的大小.

14. 在长方体 $ABCD\text{-}A_1B_1C_1D_1$ 中，$AB=BC=2$，过点 A_1、B、C_1 的平面截去长方体的一个角后，得到下图所示的几何体 $ABCD\text{-}A_1C_1D_1$，且这个几何体的体积为 $\dfrac{40}{3}$.

（1）证明：直线 $A_1B \parallel$ 平面 CDD_1C_1；

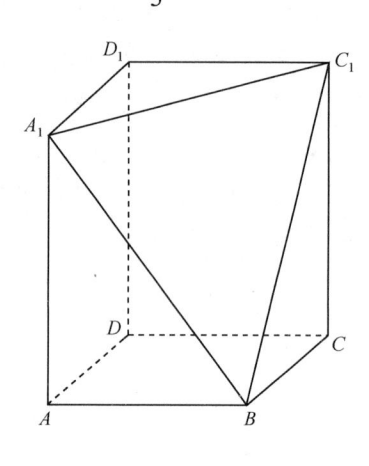

（2）求棱 AA_1 的长；

（3）求经过 A_1、C_1、B、D 四点的球的表面积.

15. 如下图所示，某养路处建造圆锥形仓库用于贮藏食盐（供融化高速公路上的积雪使用）．已建仓库的底面直径为 12m，高为 4m．养路处拟建一个更大的圆锥形仓库，以贮藏更多的食盐．现有两个方案：一是新建仓库的底面直径比原来的大 4m（高不变），二是新建仓库的高度增加 4m（底面直径不变）．

（1）分别计算按这两个方案所建仓库的体积；

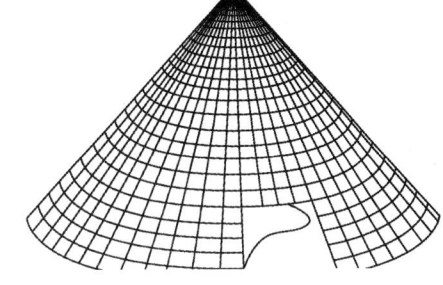

（2）分别计算按这两个方案所建仓库的表面积；

（3）哪一个方案更经济些？

第十章

概率与统计初步

第一部分　考纲解读

一、知识内容

1. 分类计数原理与分步计数原理.
2. 随机事件、频率与概率、古典概型.
3. 总体、样本与抽样方法.
4. 用样本估计总体.

二、具体要求

1. 掌握分类计数与分步计数的原理.
2. 理解随机事件、频率与概率的概念及性质，会求简单的离散随机事件的概率.
3. 了解总体、样本的概念. 掌握简单随机抽样、系统抽样和分层抽样方法.
4. 了解用样本估计总体的思想，会用样本的频率分布、平均数和方差估计总体的相应特征.

第二部分　真题解析

【例1】（2015.16）某乒乓球训练队中共有 5 名男队员和 8 名女队员，现从训练队中选出一男一女两名队员组队参加混合双打比赛，则不同的组队方式有_____种.

解析：利用分步计数原理，不同的组队方式有 $5\times 8=40$，故答案为 40.

【例2】（2018.12）甲、乙两袋中分别装有号码为 1、2、3、4、5 的五个白色小球和五个黑色小球，现从甲、乙两袋中各摸出一球，则这两球号码之和等于 5 的概率为（　　）.

A. $\dfrac{2}{25}$　　　　B. $\dfrac{4}{25}$　　　　C. $\dfrac{2}{9}$　　　　D. $\dfrac{4}{9}$

解析：从甲、乙两袋中各摸出一球共有 $5\times 5=25$ 种不同的结果，而两球号码之和为 5

的有 (1,4)、(4,1)、(2,3)、(3,2) 这 4 种结果，所以从甲、乙两袋中各摸出一球，这两球号码之和等于 5 的概率 $P = \dfrac{4}{25}$，故选 B.

变式训练 1（2017.12）从 1、2、3、4、5 这 5 个数中任取两个数，则这两个数之和大于 5 的概率是（　　）.

A. $\dfrac{3}{10}$ B. $\dfrac{2}{5}$ C. $\dfrac{1}{2}$ D. $\dfrac{3}{5}$

变式训练 2（2016.12）在 1、2、3、4、5 这 5 个数字中任取两个数，则这两个数之和为偶数的概率是（　　）.

A. $\dfrac{1}{10}$ B. $\dfrac{3}{10}$ C. $\dfrac{2}{5}$ D. $\dfrac{1}{2}$

变式训练 3（2015.12）两名学生口袋中各有 2 个玻璃球，每人可以从自己的口袋中任取 0 个、1 个或 2 个球，则两名学生取出的玻璃球总数是奇数、偶数的概率分别是（　　）.

A. $\dfrac{1}{2}$, $\dfrac{1}{2}$ B. $\dfrac{1}{3}$, $\dfrac{2}{3}$ C. $\dfrac{5}{9}$, $\dfrac{4}{9}$ D. $\dfrac{4}{9}$, $\dfrac{5}{9}$

变式训练 4（2019.12）甲、乙两个盒子中各有号码分别为 1、2、3 的三个台球，现从这两个盒子中各取一球，则取到的两球号码之和为奇数的概率为（　　）.

A. $\dfrac{2}{3}$ B. $\dfrac{1}{2}$ C. $\dfrac{4}{9}$ D. $\dfrac{5}{9}$

变式训练 5（2020.12）某班班委会由 3 男 2 女共 5 名班委组成，现从中任选 2 名班委参加学校召开的班干部座谈会，则选到的班委恰好是 1 男 1 女的概率是（　　）.

A. $\dfrac{3}{10}$ B. $\dfrac{1}{3}$ C. $\dfrac{2}{5}$ D. $\dfrac{3}{5}$

变式训练 6（2021.12）袋中装有 2 个白色和 4 个黄色乒乓球，有放回地从中取两次，每次任取一个球，则取到的两个球中至少有一个黄色乒乓球的概率为（　　）.

A. $\dfrac{1}{15}$ B. $\dfrac{1}{9}$ C. $\dfrac{8}{9}$ D. $\dfrac{14}{15}$

变式训练 7（2022.12）将一颗质地均匀的骰子抛掷两次，则两次向上的点数之和等于 9 的概率是（　　）.

A. $\dfrac{1}{9}$ B. $\dfrac{1}{6}$ C. $\dfrac{2}{9}$ D. $\dfrac{1}{3}$

【例 3】（2018.13）调查某地区学生身高和体重的比例．该地区有小学生 12600 人，初中生 9800 人，高中生 5600 人．若采用分层抽样的方法抽取容量为 1000 的样本，则应从高中生中抽取的人数为_____．

解析：本题考查分层抽样中按比例计算问题，该地区高中生所占比例为 $\dfrac{5600}{12600+9800+5600} = \dfrac{1}{5}$，则抽取容量为 1000 的样本，应从高中生中抽取的人数为 $1000 \times \dfrac{1}{5} = 200$，故答案为 200.

变式训练 8（2017.14）某学院有 A、B、C 三个不同专业，已知 C 专业有学生 900 人，为了调查学生的视力状况，现采用分层抽样的方法抽取一个容量为 185 的样本，其中在 A 专业学生中抽取了 75 人，在 B 专业学生中抽取了 60 人，则该学院的学生总人数为_____．

变式训练 9（2016.16）某校共有三个年级，其中高一年级有 1600 名学生，现采用分层抽样的方法在全校抽取了 100 名学生进行体能测试，已知在高二年级中抽取了 36 名学生，在高三年级中抽取了 24 名学生，则该校高三年级有_____名学生．

变式训练 10（2015.14）某高校甲、乙、丙、丁四个专业的学生人数分别为 150、150、400 和 300，为了解学生的就业倾向，用分层抽样的方法从这四个专业抽取共 400 名学生进行调查，则应在丙专业抽取的学生人数为_____．

变式训练 11（2019.16）某完全高级中学的高一、高二年级的学生人数分别为 1600 和 1650．用分层抽样的方法从全校学生中抽取容量为 200 的样本检测身体质量指数，已知在高一年级中抽取 64 名学生，则应从高三年级中抽取的学生人数为_____．

变式训练 12（2021.16）某职业学校有 A、B、C 三个专业，其中 A 专业有 500 名学生．现采用分层抽样的方法在三个专业的学生中抽取容量为 60 的样本进行体质测试，已知在 B 专业学生中抽取了 24 名学生，在 C 专业学生中抽取了 16 名学生，则 B 专业学生人数为_____．

【例 4】（2020.16）从编号为 1～900 的总体中用系统抽样的方法抽取 50 个样本，若抽取的第一个样本编号为 8，则抽取的第二个样本编号为_____．

解析：本题考查系统抽样中抽取号码计算问题，从编号为 1～900 的总体中用系统抽样的方法抽取 50 个样本，间隔为 $\frac{900}{50}=18$，则抽取的第二个样本编号为 18+8=26，故答案为 26．

变式训练 13（2022.16）从编号为 1～1000 的总体中用系统抽样的方法抽取 100 个样本，若抽取的第一个样本编号为 9，则抽取的第 100 个样本编号为_____．

【例 5】（2016.21）已知甲、乙两台自动售货机一周售出的某种饮料（单位：瓶）的统计结果如下：

	星期一	星期二	星期三	星期四	星期五	星期六	星期日
甲	6	8	6	6	5	9	9
乙	6	5	7	8	6	9	8

（1）计算甲、乙两台自动售货机一周该饮料的日平均销售量；

（2）哪台自动售货机的销售量比较好？为什么？

分析：本题考查用样本的平均数和方差估计总体．

解：（1）设甲、乙两台自动售货机一周该饮料的日平均销售量分别为 $\overline{x_1}$、$\overline{x_2}$，则

$$\overline{x_1} = \frac{1}{7} \times (6+8+6+6+5+9+9) = \frac{49}{7} = 7$$

$$\overline{x_2} = \frac{1}{7} \times (6+5+7+8+6+9+8) = \frac{49}{7} = 7$$

（2）设甲、乙两台自动售货机该饮料销售量的方差分别为 S_1^2、S_2^2，则

$$S_1^2 = \frac{1}{7} \times \left[(6-7)^2 + (8-7)^2 + (6-7)^2 + (6-7)^2 + (5-7)^2 + (9-7)^2 + (9-7)^2\right]$$

$$= \frac{1}{7} \times (1+1+1+1+4+4+4) = \frac{16}{7}$$

$$S_2^2 = \frac{1}{7} \times \left[(6-7)^2 + (5-7)^2 + (7-7)^2 + (8-7)^2 + (6-7)^2 + (9-7)^2 + (8-7)^2\right]$$

$$= \frac{1}{7} \times (1+4+0+1+1+4+1) = \frac{12}{7}$$

因为 $\overline{x_1} = \overline{x_2}$，$S_1^2 > S_2^2$，所以从销售量的稳定性考虑，自动售货机乙的销售量较好.

变式训练 14（2018.21）某校要从甲、乙两名学生中选拔一人参加射击比赛，对他们的射击水平进行了测试. 在相同条件下两人各射击 10 次，命中的环数列表（有部分数据空缺）如下：

次数	1	2	3	4	5	6	7	8	9	10
甲	9	5	7		7	6	8	6	7	7
乙	7	8	6	8	6	5	9		7	4

已知甲第 4 次射击比乙第 8 次射击命中的环数少 2 环.

（1）验证甲、乙两人命中环数的平均数相等；

（2）如果甲、乙两人命中环数的平均数为 7，试求甲第 4 次射击和乙第 8 次射击命中的环数，并决定应选哪一个人参加比赛（说明理由）.

【例 6】（2015.21）某棉纺织厂为了解一批棉纤维的长度情况，从这批棉花中随机抽取了 100 根棉纤维测量其长度（单位：mm），并将所得数据分组：[0,5)，(5,10]，(10,15]，…，(35,40]，画出频率分布直方图（如下图所示），试求：

（1）频率分布直方图中 a 的值；

（2）抽取的 100 根棉纤维中长度不超过 20mm 的棉纤维根数.

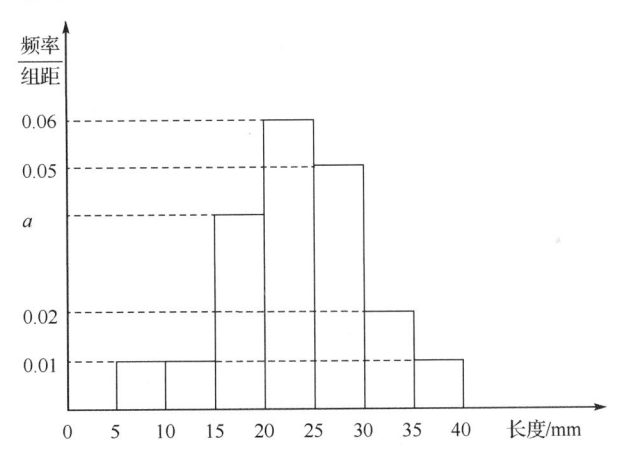

分析：本题考查用样本的频率分布直方图估计总体．

解：（1）由题意得
$$(0.01+0.01+a+0.06+0.05+0.02+0.01)\times 5 = 1$$

解得 $a = 0.04$．

（2）棉纤维长度不超过 20mm 的频率为
$$(0.01+0.01+0.04)\times 5 = 0.3$$

频数为 $0.3\times 100 = 30$，即抽取的 100 根棉纤维中长度不超过 20mm 的棉纤维有 30 根．

变式训练 15（2017.21）某中学为了解学生的成长情况，对初三全体女生的身高进行了一次测量（单位：cm），将所得数据整理后列出了频率分布表如下．

（1）求该校初三女生人数及表中 m、n 所表示的数；

（2）如果女生对自己身高在 157.5cm 以上表示满意，那么该校初三女生对自己身高的满意率是多少？

组别（身高区间）（单位：cm）	频数	频率
[145.5,149.5]	2	0.02
(149.5,153.5]	8	0.08
(153.5,157.5]	m	0.40
(157.5,161.5]	30	0.30
(161.5,165.5]	16	0.16
(165.5,169.5]	4	n

变式训练 16（2020.20）为调查某年级女生的健康状况，从该年级随机抽取 100 名女生，她们的体重（单位：kg）的频率分布直方图如下图所示．

（1）求图中 a 的值；

（2）估计该年级女生的体重在 50 kg 以上的概率．

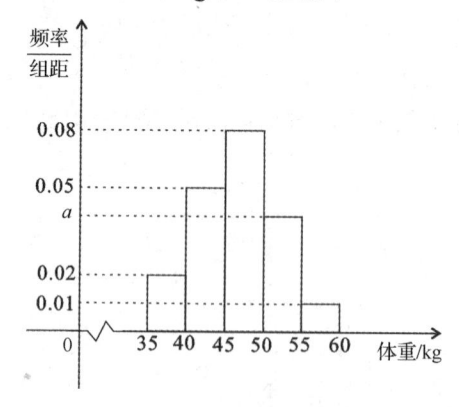

变式训练 17（2022.21）某市为了研究某种传染病患者的年龄结构，从该市的此种传染病患者中随机抽取了 500 个样本，他们的年龄的频率分布直方图如下图所示．

（1）求图中 a 的值；

（2）这 500 个样本中有多少名 40～80 岁的传染病患者？

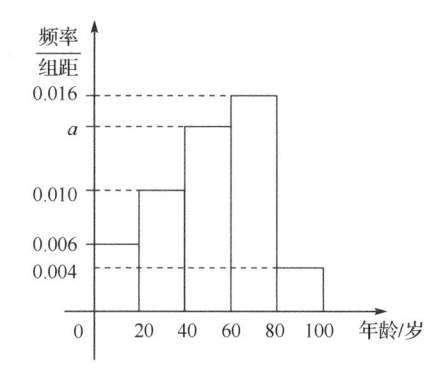

【例 7】（2019.22）对某企业生产的某种产品进行抽样检验，测量抽取的样本产品的一项质量指标值，数据频率分布如下表所示．

分组	[75,85)	[85,95)	[95,105)	[105,115)	[115,125)
频数	1	5	9	a	b
频率	0.05	0.25	0.45	0.15	c

（1）求频率分布表中 a、b、c 的值；

（2）根据以上抽样调查数据，能否认为该企业生产的这种产品该项指标符合"质量指标值不低于 95 的产品至少占全部产品的 80%"的规定？

（3）估计该产品这一质量指标的平均数及标准差（同一组中的数据用该组中间值代表，如 [85,95) 区间的中间值为 90）．

分析：本题考查用样本的频率分布、平均数和方差估计总体．

解：（1）由于频率=频数/样本容量，故样本容量=频数/频率=$\dfrac{1}{0.05}=20$，所以 $a=20\times 0.15=3$，从而可知 $b=20-1-5-9-3=2$，进而可知 $c=\dfrac{b}{20}=0.1$．

（2）由频率分布表及（1）知，产品的质量指标在 95 以上的频率为 0.7，由此可推断产品的质量指标在 95 以上的概率在 70% 左右，所以该产品不符合"质量指标值不低于 95 的产品至少占全部产品的 80%"的规定．

（3）样本平均数为

$$\overline{x}=\dfrac{1}{20}\times(1\times 80+5\times 90+9\times 100+3\times 110+2\times 120)=100$$

样本方差为

$$S^2=\dfrac{1}{20}\times(1\times(80-100)^2+5\times(90-100)^2+9\times(100-100)^2$$
$$+3\times(110-100)^2+2\times(120-100)^2)$$
$$=100$$

样本标准差为

$$S=\sqrt{S^2}=10$$

估计该产品总体的质量指标的平均数为 100，标准差为 10．

变式训练 18（2021.22）对甲、乙两组学生进行某一健康指标检测，测得的指标值整理如下：

甲组：17，18，19，20，22，22，23，23，24，25，25，26.

乙组：18，20，20，21，22，22，22，22，23，24，24，26.

（1）分别计算两组学生的指标值在[18.5,24.5]内的频率；

（2）分别计算两组学生的指标值的平均数和方差；

（3）比较说明两组学生指标值的稳定情况.

变式训练参考答案：

变式训练 1．D

变式训练 2．C

变式训练 3．D

变式训练 4．C

变式训练 5．D

变式训练 6．C

变式训练 7．A

变式训练 8．3330

变式训练 9．960

变式训练 10．160

变式训练 11．70

变式训练 12．600

变式训练 13．999

变式训练 14．**解：**（1）设甲第 4 次射击命中环数为 x，则乙第 8 次射击命中环数为 $x+2$．

$$\overline{x_{甲}} = \frac{9+5+7+x+7+6+8+6+7+7}{10} = \frac{62+x}{10}$$

$$\overline{x_{乙}} = \frac{7+8+6+8+6+5+9+(x+2)+7+4}{10} = \frac{62+x}{10}$$

所以 $\overline{x_{甲}} = \overline{x_{乙}}$，甲、乙两人命中环数的平均数相等．

（2）由 $\overline{x_{甲}} = \overline{x_{乙}} = \frac{62+x}{10} = 7$ 解得，$x=8$，则 $x+2=10$，所以甲第 4 次射击命中的环数为 8，乙第 8 次射击命中的环数为 10．

$$S_{甲}^2 = \frac{(9-7)^2+(5-7)^2+\cdots+(7-7)^2}{10} = 1.2$$

$$S_{乙}^2 = \frac{(7-7)^2+(8-7)^2+\cdots+(4-7)^2}{10} = 3$$

因 $\overline{x_{甲}} = \overline{x_{乙}}$，$S_{甲}^2 < S_{乙}^2$，甲、乙两人射击环数的平均数相同，而甲的方差小，所以甲的射击成绩更稳定，选甲参加比赛．

变式训练 15．**解：**（1）设初三女生总人数为 X，则由身高在[145.5,149.5]这组的频率 $0.02 = \frac{2}{X}$ 得，$X=100$．

由 $2+8+m+30+16+4=100$ 或 $\dfrac{m}{100}=0.4$ 得，$m=40$.

由 $0.02+0.08+0.04+0.03+0.16+n=1$ 或 $\dfrac{4}{100}=n$ 得，$n=0.04$.

（2）身高在 157.5cm 以上的人数为 $30+16+4=50$，故满意率为 $\dfrac{50}{100}=50\%$.

变式训练 16. 解：（1）由题意可知
$$(0.02+0.05+0.08+a+0.01)\times 5=1$$
解得 $a=0.04$.

（2）因为 $(0.04+0.01)\times 5=0.25$，所以样本中女生的体重在 50 kg 以上的频率为 0.25.

估计该年级女生的体重在 50 kg 以上的概率为 0.25.

变式训练 17. 解：（1）$(0.006+0.010+a+0.016+0.004)\times 20=1$，解得 $a=0.014$.

（2）40~80 岁包含两组，频率为 $(0.014+0.016)\times 20=0.6$. 这 500 个样本中 40~80 岁的传染者有 $500\times 0.6=300$ 人.

变式训练 18. 解：（1）由题意知，甲组学生的指标值在 $[18.5, 24.5]$ 内的频率为 $f_甲=\dfrac{7}{12}$，

乙组学生的指标值在 $[18.5, 24.5]$ 内的频率为 $f_乙=\dfrac{10}{12}=\dfrac{5}{6}$.

（2）甲组学生指标值的平均数为
$$\overline{x_甲}=\dfrac{1}{12}\times(17+18+19+20+22+22+23+23+24+25+25+26)$$
$$=22$$

甲组学生指标值的方差为
$$S_甲^2=\dfrac{1}{12}\times[(17-22)^2+(18-22)^2+(19-22)^2+(20-22)^2+(22-22)^2+$$
$$(22-22)^2+(23-22)^2+(23-22)^2+(24-22)^2+(25-22)^2+(25-22)^2+(26-22)^2]$$
$$=\dfrac{47}{6}$$

乙组学生指标值的平均数为
$$\overline{x_乙}=\dfrac{1}{12}\times(18+20+20+21+22+22+22+22+23+24+24+26)$$
$$=22$$

乙组学生指标值的方差为
$$S_乙^2=\dfrac{1}{12}\times[(18-22)^2+(20-22)^2+(20-22)^2+(21-22)^2+(22-22)^2+(22-22)^2+$$
$$(22-22)^2+(22-22)^2+(23-22)^2+(24-22)^2+(24-22)^2+(26-22)^2]$$
$$=\dfrac{25}{6}$$

（3）由（2）知，$S_甲^2>S_乙^2$，因此乙组学生的指标值较甲组学生的指标值稳定.

第三部分 强化训练

一、选择题

1. 从 5 名教师中任选 3 名分到班级去任课,每班 1 名,则不同的分配方案有（　　）.

   A．60 种 B．20 种 C．15 种 D．12 种

2. 某班新年联欢会原定的 5 个节目已排成节目单,开演前又增加了 2 个新节目,如果将这 2 个节目插入原节目单中,那么不同的插法有（　　）种.

   A．42 B．30 C．20 D．12

3. 甲、乙两人从 4 门功课中各选修 2 门,则甲、乙所选的课程中至少有一门不相同的选法共有（　　）.

   A．6 种 B．12 种 C．30 种 D．36 种

4. 从 2 件正品和 1 件次品共 3 件产品中每次任取 1 件,每次取出后不放回,连续取两次,取出的 2 件产品中恰有 1 件次品的概率为（　　）.

   A．$\dfrac{1}{6}$ B．$\dfrac{1}{3}$ C．$\dfrac{2}{3}$ D．$\dfrac{5}{6}$

5. 一个事件的概率不可能是（　　）.

   A．0 B．$\dfrac{1}{2}$ C．1 D．$\dfrac{3}{2}$

6. 小明和 3 名女生、4 名男生玩丢手绢的游戏,小明随意将手绢丢在一名同学后面,那么这名同学不是女生的概率是（　　）.

   A．$\dfrac{3}{4}$ B．$\dfrac{3}{8}$ C．$\dfrac{4}{7}$ D．$\dfrac{3}{7}$

7. 有 6 张卡片,上面分别写有 1、1、2、3、4、4,从中任意摸 1 张,摸到奇数的概率是（　　）.

   A．$\dfrac{1}{6}$ B．$\dfrac{1}{2}$ C．$\dfrac{1}{3}$ D．$\dfrac{2}{3}$

8. 用 1、2、3 三个数字组成一个三位数,则组成的数是偶数的概率是（　　）.

   A．$\dfrac{1}{3}$ B．$\dfrac{1}{4}$ C．$\dfrac{1}{5}$ D．$\dfrac{1}{6}$

9. 小刚抛掷一枚硬币,连续 9 次都掷出正面朝上,当他第 10 次抛掷硬币时,出现正面朝上的概率是（　　）.

   A．0 B．1 C．$\dfrac{1}{2}$ D．$\dfrac{2}{3}$

10. 10 件产品中有 8 件正品、2 件次品,从中随机取出 3 件,则下列事件中是必然事件的是（　　）.

    A．3 件都是正品 B．至少有一件次品

C．3 件都是次品　　　　　　　　　D．至少有一件正品

11．100 件产品中有 95 件正品、5 件次品，从中抽取 6 件，①至少有 1 件正品；②至少有 3 件次品；③6 件都是次品；④有 2 件次品，4 件正品．以上 4 个事件中，随机事件的个数是（　　）．

　　A．3　　　　　B．4　　　　　C．2　　　　　D．1

12．下列事件必然发生的是（　　）．

　　A．一个普通正方体骰子掷三次和为 19

　　B．一副洗好的扑克牌任抽一张为奇数

　　C．今天下雨

　　D．一个不透明的袋子里装有 4 个红球、2 个白球，从中任取 3 个球，其中至少有 2 球同色

13．甲袋中装着 1 个红球、9 个白球，乙袋中装着 9 个红球、1 个白球，两个口袋中的球都已搅匀．若想从两个口袋中摸出一个红球，则选择（　　）成功的机会较大．

　　A．甲袋　　　B．乙袋　　　C．两个都一样　　　D．两个都不行

14．抛掷两颗骰子，掷出的点数之和为 7 的概率是（　　）．

　　A．$\dfrac{1}{6}$　　　B．$\dfrac{1}{3}$　　　C．$\dfrac{1}{2}$　　　D．$\dfrac{2}{3}$

15．一个袋子中放有红球、绿球若干个，黄球 5 个，如果从袋子中任意摸出黄球的概率为 0.25，那么袋子中球的个数为（　　）．

　　A．15　　　　B．18　　　　C．20　　　　D．25

16．袋中有 5 个白球，n 个红球，从中任取一个恰为红球的概率为 2/3，则 n 为（　　）．

　　A．16　　　　B．10　　　　C．20　　　　D．18

17．随机掷一枚均匀的硬币两次，两次都正面朝上的概率是（　　）．

　　A．$\dfrac{1}{4}$　　　B．$\dfrac{1}{2}$　　　C．$\dfrac{3}{4}$　　　D．1

18．某人忘记了电话号码的最后一位数字，因而他随意拨号，那么第一次接通电话的概率是（　　）．

　　A．$\dfrac{1}{9}$　　　B．$\dfrac{1}{10}$　　　C．$\dfrac{3}{10}$　　　D．$\dfrac{2}{9}$

19．一个盒子里有 20 个球，其中 18 个红球、2 个黑球，每个球除颜色不同外，其余都相同，从中任意取出 3 个球，则下列结论正确的是（　　）．

　　A．所取出的 3 个球中，至少有 1 个是黑球

　　B．所取出的 3 个球中，至少有 2 个黑球

　　C．所取出的 3 个球中，至少有 1 个是红球

　　D．所取出的 3 个球中，至少有 2 个是红球

20. 据人口普查统计，育龄妇女生男生女是等可能的，若生育二胎，则某一孕龄妇女两胎均是女孩的概率是（　　）.

   A. $\dfrac{1}{2}$　　　B. $\dfrac{1}{3}$　　　C. $\dfrac{1}{4}$　　　D. $\dfrac{1}{5}$

21. 从分别写有 A、B、C、D、E 的 5 张卡片中任取 2 张，则这 2 张上的字母恰好按字母顺序相邻的概率是（　　）.

   A. $\dfrac{1}{5}$　　　B. $\dfrac{2}{5}$　　　C. $\dfrac{3}{10}$　　　D. $\dfrac{7}{10}$

22. 一个均匀的正方体玩具的六个面上分别标有 1、2、3、4、5、6，将这个玩具先后抛掷两次，则向上的数之和是 5 的概率是（　　）.

   A. $\dfrac{1}{9}$　　　B. $\dfrac{1}{6}$　　　C. $\dfrac{1}{12}$　　　D. $\dfrac{1}{3}$

23. 盒中装有大小相同的黑、白两色小球，黑色小球有 15 个，白色小球有 10 个，现从中随机抽取两个，若两个同色则甲获胜，若两个不同色则乙获胜，则甲、乙获胜的概率是（　　）.

   A. 甲大　　　B. 乙大　　　C. 一样大　　　D. 不确定

24. 某学校从 4 名男生和 2 名女生中选出 3 人作为西安世园会的志愿者，则选出的志愿者中既有男生又有女生的概率为（　　）.

   A. $\dfrac{2}{5}$　　　B. $\dfrac{3}{5}$　　　C. $\dfrac{4}{5}$　　　D. $\dfrac{1}{10}$

25. 抛掷一颗骰子，掷出的点数为奇数或 2 的概率为（　　）.

   A. $\dfrac{1}{6}$　　　B. $\dfrac{1}{3}$　　　C. $\dfrac{1}{2}$　　　D. $\dfrac{2}{3}$

26. 某教学大楼共有五层，每层均有两个楼梯，从一层到五层的走法有（　　）.

   A. 10 种　　　B. 2^5 种　　　C. 5^2 种　　　D. 2^4 种

27. 从甲地去乙地有 3 班火车，从乙地去丙地有 2 班轮船，则从甲地去丙地可选择的方式有（　　）.

   A. 5 种　　　B. 6 种　　　C. 7 种　　　D. 8 种

28. 右图所示为一电路图，从 A 到 B 共有（　　）条不同的线路可通电.

   A. 1　　　B. 2　　　C. 3　　　D. 4

29. 由数字 0、1、2、3、4 组成无重复数字的两位数的个数是（　　）.

   A. 25　　　B. 20　　　C. 16　　　D. 12

30. 李芳有 4 件不同颜色的衬衣，3 件不同花样的裙子，另有两套不同样式的连衣裙．"五一"劳动节时需选择一套服装参加歌舞演出，则李芳有（　　）种不同的选择.

   A. 24　　　B. 14　　　C. 10　　　D. 9

31. 3科老师都布置了作业,在某一时刻4名学生都做作业的可能情况有（   ）.

　　A. 4^3 种　　　B. 3^4 种　　　C. $4×3×2$ 种　　　D. $1×2×3$ 种

32. 把4张同样的参观券分给5个代表,每人最多分1张,参观券全部分完,则不同的分法共有（   ）.

　　A. 120 种　　　B. 1024 种　　　C. 625 种　　　D. 5 种

33. 已知集合 $M=\{1,-2,3\}$, $N=\{-4,5,6,7\}$, 从两个集合中各取一个元素作为点的坐标, 则这样的坐标在直角坐标系中可表示第一、二象限内不同的点的个数是（   ）.

　　A. 18　　　B. 17　　　C. 16　　　D. 10

34. 把10个苹果分成三堆,要求每堆至少1个,至多5个,则不同的分法共有（   ）.

　　A. 4 种　　　B. 5 种　　　C. 6 种　　　D. 7 种

35. 质检部门从某企业一天生产的手机中随机抽取20部进行检查,推断该批手机的合格率. 这项调查的总体是（   ）.

　　A. 20部手机　　　　　　　　　B. 一天生产的全部手机

　　C. 20部手机中合格的手机　　　D. 一天生产的手机中合格的手机

36. 一项调查表明,在所抽取的2000个消费者中,他们每月在网上购物的平均花费是200元,这项调查的样本是（   ）.

　　A. 2000个消费者

　　B. 所有在网上购物的消费者

　　C. 所有在网上购物的消费者在网上购物的平均花费金额

　　D. 2000个消费者在网上购物的平均花费金额

37. 若要了解某学院4个系30个班1100名学生的学习状况,则总体是（   ）.

　　A. 4个系　　　B. 30个班　　　C. 1100名学生　　　D. 每一名学生

38. 在某项体育比赛中,七位裁判为一名选手打出的分数如下:90, 89, 90, 95, 93, 94, 93, 去掉一个最高分和一个最低分后,所剩数据的平均数和方差分别为（   ）.

　　A. 92, 2　　　B. 92, 2.8　　　C. 93, 2　　　D. 93, 2.8

39. 从某项综合能力测试中抽取100人的成绩,统计结果如下表所示,则这100人成绩的标准差为（   ）.

分数	5	4	3	2	1
人数	20	10	30	30	10

　　A. $\sqrt{3}$　　　B. $\dfrac{2\sqrt{10}}{5}$　　　C. 3　　　D. $\dfrac{8}{5}$

40. 某班50名学生在一次百米测试中,成绩全部介于13s与19s之间,将测试结果按如下方式分成六组:第一组,成绩大于或等于13s且小于14s;第二组,成绩大于或等于14s且小于15s;……;第六组,成绩大于或等于18s且小于或等于19s. 下图所示是按上述分组方式得到的频率分布直方图. 设成绩小于17s的学生人数占全班人数的百分比为 x, 成绩大于或等于15s且小于17s的学生人数为y，则从频率分布直方图中可以分析出x和y分别为（　　）．

  A．0.9，35 B．0.9，45 C．0.1，35 D．0.1，45

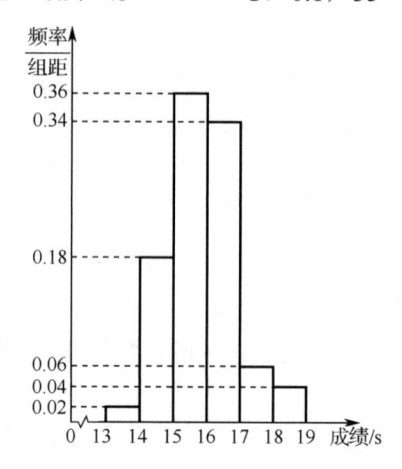

41．已知下表所示是某班学生的一次数学考试的成绩分布．

分数段	[0,90)	[90,100)	[100,110)	[110,120)	[120,130)	[130,150]
人数	7	6	8	12	6	6

那么，分数在[100,110)内的频率和分数不满110分的频率分别是（　　）．

  A．0.38，1 B．0.18，1 C．0.47，0.18 D．0.18，0.47

42．右图所示是某学校抽取的学生体重的频率分布直方图，已知图中从左到右的前3个小组的频率之比为1∶2∶3，第2个小组的频数为10，则抽取的学生人数为（　　）．

  A．20   B．30

  C．40   D．50

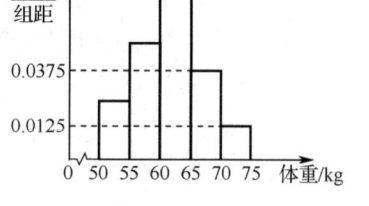

43．某射手在一次训练中五次射击的成绩分别为9.4，9.4，9.4，9.6，9.7，则该射手五次射击成绩的方差是（　　）．

  A．0.127 B．0.016 C．0.08 D．0.216

44．一位同学种了甲、乙两种树苗各1株，分别观察了9次和10次后，得到树苗高度的数据的茎叶图如下图所示（单位：cm），则甲、乙两种树苗高度的数据的中位数之和是（　　）．

甲		乙
9	1	0　4　0
4　3　1　0	2	6　4
1　2　3　7	3	0
	4	4　6　6　7

  A．44 B．54 C．50 D．52

45．甲、乙两位同学在高三 5 次月考中的数学成绩茎叶图如下图所示，若甲、乙两人的平均成绩分别是 $x_甲$、$x_乙$，则下列叙述正确的是（　　）．

	甲			乙	
8	7	2	7	8	
		6	8	8	8
		2	9	1	0

A．$x_甲 > x_乙$；乙成绩比甲成绩稳定　　B．$x_甲 > x_乙$；甲成绩比乙成绩稳定

C．$x_甲 < x_乙$；乙成绩比甲成绩稳定　　D．$x_甲 < x_乙$；甲成绩比乙成绩稳定

46．问题：①有 1000 个乒乓球分别装在 3 个箱子内，其中红色箱子内有 500 个乒乓球，蓝色箱子内有 200 个乒乓球，黄色箱子内有 300 个乒乓球，现从中抽取一个容量为 100 的样本；②从 20 名学生中选出 3 名参加座谈会．

方法：Ⅰ．简单随机抽样法；Ⅱ．系统抽样法；Ⅲ．分层抽样法．

其中问题与方法能配对的是（　　）．

A．①Ⅰ，②Ⅱ　　B．①Ⅲ，②Ⅰ　　C．①Ⅱ，②Ⅲ　　D．①Ⅲ，②Ⅱ

47．为规范学校办学，省教育厅督察组对某所高中进行了抽样调查．抽到的班级一共有 52 名学生，现将该班学生随机编号，用系统抽样的方法抽取一个容量为 4 的样本，已知 7 号、33 号、46 号同学在样本中，那么样本中还有一位同学的编号应是（　　）．

A．13　　B．19　　C．20　　D．51

48．某学校为调查高三年级 240 名学生完成课后作业所需的时间，采取了两种抽样调查的方法：第一种方式是由学生会的同学随机抽取 24 名同学进行调查；第二种方式是由教务处对高三年级的学生进行编号，从 001 到 240，抽取学号最后一位为 3 的同学进行调查，则这两种抽样方法依次为（　　）．

A．分层抽样法，简单随机抽样法　　B．简单随机抽样法，分层抽样法

C．分层抽样法，系统抽样法　　D．简单随机抽样法，系统抽样法

49．某高中共有学生 2000 名，各年级的男生、女生人数如下表所示．已知在全校学生中随机抽取 1 名，抽到高二年级女生的概率是 0.19，现用分层抽样的方法在全校抽取 64 名学生，则应在高三年级抽取的学生人数为（　　）．

A．24　　B．18　　C．16　　D．12

	高一年级	高二年级	高三年级
女生	373	x	y
男生	377	370	z

50．在 100 个零件中，有一级品 20 个，二级品 30 个，三级品 50 个，从中抽取 20 个作为样本．①采用简单随机抽样法：抽签取出 20 个样本；②采用系统抽样法：将零件编号为 00，01，⋯，99，然后平均分组抽取 20 个样本；③采用分层抽样法：从一级品、二级品、三级品中抽取 20 个样本．下列说法正确的是（　　）．

A．无论采用哪种抽样方法，这100个零件中每个零件被抽到的概率都相等

B．采用①②两种抽样方法，这100个零件中每个零件被抽到的概率都相等；采用③并非如此

C．采用①③两种抽样方法，这100个零件中每个零件被抽到的概率都相等；采用②并非如此

D．采用不同的抽样方法，这100个零件中每个零件被抽到的概率是各不相同的

二、填空题

1．某班共30人，其中13人喜欢篮球运动，10人喜欢乒乓球运动，8人对这两项运动都不喜欢，则喜欢篮球运动但不喜欢乒乓球运动的人数是_____．

2．任意掷两颗质地均匀的骰子（六个面分别标有1到6个点），向上的点数之和是7的概率是_____．

3．为了促销，厂家在每件纯净水中放有两瓶在瓶盖反面写有"再来一瓶"奖励的纯净水，每件纯净水24瓶，小冬任买一瓶，获奖的概率是_____．

4．小明有2件上衣、3条长裤，则他有_____种不同的穿法．

5．从一个不透明的口袋中任意摸出一球是白球的概率为$\frac{1}{6}$，已知袋中有3个白球，则袋中球的总数是_____．

6．某班有49名学生，其中有23名女生．在一次活动中，班上每名学生的名字都各自写在一张小纸条上，放入一盒中搅匀．如果老师闭上眼睛从盒中随机抽出一张纸条，那么抽到写有女生名字纸条的概率是_____．

7．一艘轮船只有在涨潮的时候才能驶入港口，已知该港口每天涨潮的时间为早晨5:00—7:00和下午5:00—6:00，则该船在一昼夜内可以进港的概率是_____．

8．小华与父母一同从重庆乘火车到广安邓小平故居参观．火车车厢里每排有左、中、右三个座位，小华一家三口随意坐某排的三个座位，小华恰好坐在中间的概率是_____．

9．初三（1）班星期二下午安排了数学、英语、生物各一节课，把数学课安排在最后一节的概率为_____．

10．将长度为8cm的木棍截成三段，每段长度均为整数．如果截成的三段木棍长度分别相同算作同一种截法（如5、2、1和1、5、2），那么截成的三段木棍能构成三角形的概率是_____．

11．初二（1）班共有女生32名，男生28名，现要选一名同学当班长，则$P_{选一女生}$＝_____，$P_{选一男生}$＝_____．

12．一筐苹果有48个，其中3个被虫子咬了，从中任意拿出一个，恰好拿到一个被虫子咬了的苹果的概率是_____．

13．鞋柜里有3双鞋，任取一只恰为左脚穿的鞋的概率是_____．

14．从 1～100 中任取一数，既能被 2 整除又能被 3 整除的概率是_____．

15．小明外出游玩时，带了 1 件棕色、2 件淡黄色上衣和 1 条白色、1 条蓝色长裤，他任意拿出 1 件衣服，正好是淡黄色上衣的概率是_____．

16．如右图所示，转盘被分成了 4 部分，其中 $\angle AOB = \angle COD = 90°$，随意转动转盘，指针指向 $\angle AOB$ 和 $\angle COD$ 所在区域的概率是_____．

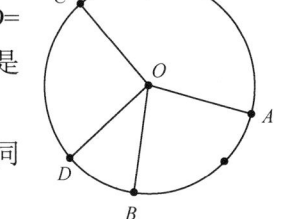

17．一栋楼有 6 个单元，小王和小李都住在此楼内，他们住在同一单元的概率为_____．

18．从长度分别为 2、3、4、5 的四条线段中任意取出三条，则以这三条线段为边可以构成三角形的概率是_____．

19．在区间 [−1,2] 内随机取一个数 x，则 $|x| \leqslant 1$ 的概率为_____．

20．马路上有编号为 1、2、3、…、9 的 9 只路灯，为节约用电，可以把其中的 3 只灯关掉，但不能同时关掉相邻的 2 只或 3 只，也不能关掉两端的路灯，则不同的关灯方法有_____种．

21．将 3 封信投入 4 个邮箱，不同的投法有_____种．

22．某单位有老年人 32 人，中年人 48 人，青年人 80 人，为调查员工的身体健康状况，需要从中抽取一个容量为 40 的样本，用分层抽样的方法应分别从老年人、中年人、青年人中各抽取_____、_____、_____人．

23．为了解 1200 名学生对学校某项教改实验的意见，计划用系统抽样的方法从中抽取一个容量为 40 的样本，则分段的间隔为_____．

24．某高校甲、乙、丙、丁 4 个专业分别有 150、150、400、300 名学生，为了解学生的就业倾向，用分层抽样的方法从该校这 4 个专业中共抽取 40 名学生进行调查，应在丙专业抽取的学生人数为_____．

25．在对 n 个数据进行整理所得的频率分布表中，各组的频数之和是_____，各组的频率之和是_____．

26．某企业有 3 个分厂生产同一种电子产品，第一、二、三分厂的产量之比为 1∶2∶1，用分层抽样的方法（每个分厂的产品为一层）从 3 个分厂生产的电子产品中共抽取 100 件进行使用寿命的测试，由所得的测试结果算得从第一、二、三分厂取出的产品的使用寿命的平均值分别为 980 h、1020 h、1032 h，则抽取的 100 件产品的使用寿命的平均值为_____h．

27．一个社会调查机构就某地居民的月收入调查了 10000 人，并根据所得数据画出了样本的频率分布直方图（如下图所示），为了分析居民的收入与年龄、学历、职业等方面的关系，要从这 10000 人中再用分层抽样的方法抽出 100 人做进一步调查，则从 (1500,2000) 月收入（元）段中应抽出的人数为_____．

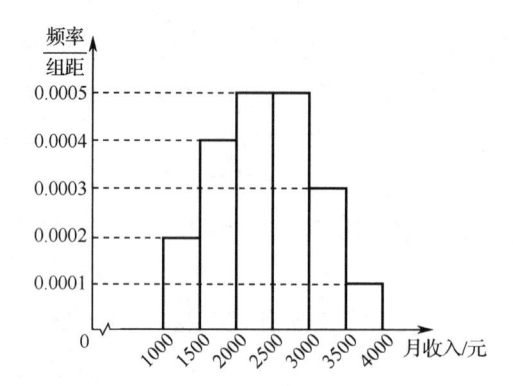

28．某大学共有学生 5600 人，其中专科生 1300 人，本科生 3000 人，研究生 1300 人，现采用分层抽样的方法调查学生利用互联网查找学习资料的情况，抽取的样本为 280 人，则在专科生、本科生与研究生这三类学生中分别抽取的人数为_____．

29．网络上流行着一种"QQ 农场游戏"，这种游戏通过虚拟软件模拟种植与收获的过程．为了解本班学生对此游戏的态度，高三（6）班计划在全班 60 人中展开调查，根据调查结果，班主任计划采用系统抽样的方法抽取若干名学生进行座谈，为此先对 60 名学生进行编号，分别为 01、02、03、…、60，已知抽取的学生中最小的两个编号为 03、09，则抽取的学生中最大的编号为_____．

30．有 50 件产品，编号 1～50，现从中抽取 5 件进行检验，用系统抽样的方法抽取样本，规定各段抽取第二个顺序号的产品，所抽取产品的编号分别为_____．

三、解答题

1．在一个盒子内放有 10 个大小相同的小球，其中 7 个红球、2 个绿球、1 个黄球，从中任取一个球，求：

（1）事件 A "得到红球" 的概率；

（2）事件 B "得到绿球" 的概率；

（3）事件 C "得到黄球" 的概率；

（4）事件 D "得到红球或绿球" 的概率；

（5）事件 A 和事件 B 之间有什么关系，可以同时发生吗？

（6）（4）中的事件 D "得到红球或者绿球" 与事件 A、事件 B 有何联系？

2．在一只袋子中装有 7 个红玻璃球、3 个绿玻璃球，从中无放回地任意抽取两次，每次只取 1 个．试求：

（1）取得 2 个红球的概率；

（2）取得 2 个绿球的概率；

（3）取得 2 个同颜色球的概率；

（4）至少取得 1 个红球的概率．

3．盒中有 6 只灯泡，其中 2 只是次品，4 只是正品，有放回地从中任取两次，每次取 1 只，试求下列事件的概率．

（1）取到的 2 只都是次品；

（2）取到的 2 只中正品、次品各一只；

（3）取到的 2 只中至少有一只是正品．

4．在一次数学竞赛中，两组学生的成绩如下表所示．

分数（分）		50	60	70	80	90	100
人数	甲组	2	5	10	13	14	5
	乙组	4	4	16	2	12	12

已经算得这两组学生的平均分都是 80 分，请根据你学过的统计知识，进一步判断哪组学生在此次竞赛中的成绩更优秀，并说明理由．

5．从 1000 个零件中抽取 10 个，各零件长度分别为 22.3，22.2，21.9，22.5，21.8，21.5，21.7，21.4，22.1，22.6（单位：mm），计算样本的平均数和方差，并估计这批零件长度的平均数和方差．

6．一汽车厂生产 A、B、C 三类轿车，每类轿车均有舒适型和标准型两种型号，某月的产量如下表所示（单位：辆）．

	轿车 A	轿车 B	轿车 C
舒适型	100	150	z
标准型	300	450	600

采用按类型分层抽样的方法在这个月生产的轿车中抽取 50 辆，其中有 A 类轿车 10 辆．
（1）求 z 的值；
（2）用分层抽样的方法在 C 类轿车中抽取一个容量为 5 的样本，将该样本看成一个总体，从中任取 2 辆，求至少有 1 辆为舒适型轿车的概率．

7. 某学校为了解学生的日平均睡眠时间（单位：h），随机选择了 n 名同学进行调查. 下表所示是这 n 名同学日睡眠时间的频率分布表.

序号	分组（睡眠时间）	频数（人数）	频率
1	[4，5)	6	0.12
2	[5，6)		0.20
3	[6，7)	a	
4	[7，8)	b	
5	[8，9)		0.08

（1）求 n 的值；若 $a=20$，将表中数据补全，并画出频率分布直方图；

（2）在统计方法中，同一组数据常用该组区间的中点值（如区间[4,5)的中点值是4.5）作为代表. 若据此计算的上述数据的平均数为 6.52，求 a、b 的值，并估计该学校学生的日平均睡眠时间在 7h 以上的概率.

8. 甲、乙两台机床同时加工直径为 100mm 的零件，为了检验产品的质量，从产品中各随机抽取 6 件进行测量，测得数据如下（单位：mm）：

甲：99，100，98，100，100，103.

乙：99，100，102，99，100，100.

（1）分别计算上述两组数据的平均数和方差；

（2）根据（1）的计算结果，说明哪一台机床加工的这种零件更符合要求.

9. 从某校高三年级 800 名男生中随机抽取 50 名学生测量其身高，据测量，被测学生的身高全部在 155cm 到 195cm 之间. 将测量结果按如下方式分成 8 组：第一组[155,160)，第二组[160,165)，…，第八组[190,195)，下图所示是按上述分组得到的频率分布直方图的一部分. 已知第一组与第八组的人数相同，第六组、第七组和第八组的人数依次成等差数列.

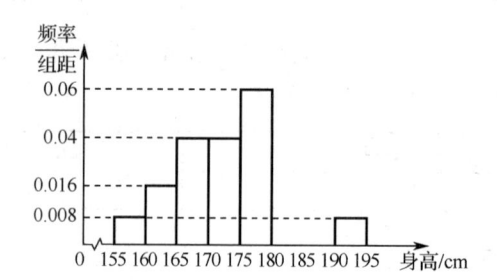

（1）求下表所示频率分布表中字母表示的值，补充完成频率分布直方图．

频率分布表：

分组	频数	频率	频率/组距
...	...	...	...
[180,185)	x	y	z
[185,190)	m	n	p
...	...	...	...

（2）若从身高属于第六组和第八组的所有男生中随机抽取 2 名男生，分别记他们的身高为 x、y，求满足 $|x-y| \leq 5$ 的事件的概率．

10．从甲、乙两名学生中选拔一人参加数学竞赛，对他们的数学水平进行测试，在相同的条件下，共进行了 6 次测试，成绩如下：

甲：95，90，88，72，70，65．

乙：92，90，85，75，70，68．

（1）分别计算两名学生数学成绩的平均数和方差；

（2）比较两名学生的成绩，然后决定应选择哪名学生参赛．

反侵权盗版声明

电子工业出版社依法对本作品享有专有出版权。任何未经权利人书面许可,复制、销售或通过信息网络传播本作品的行为;歪曲、篡改、剽窃本作品的行为,均违反《中华人民共和国著作权法》,其行为人应承担相应的民事责任和行政责任,构成犯罪的,将被依法追究刑事责任。

为了维护市场秩序,保护权利人的合法权益,我社将依法查处和打击侵权盗版的单位和个人。欢迎社会各界人士积极举报侵权盗版行为,本社将奖励举报有功人员,并保证举报人的信息不被泄露。

举报电话:(010)88254396;(010)88258888
传　　真:(010)88254397
E-mail:　dbqq@phei.com.cn
通信地址:北京市万寿路 173 信箱
　　　　　电子工业出版社总编办公室
邮　　编:100036